미셸 푸코의 『임상의학의 탄생』 읽기

세창명저산책_082

미셸 푸코의 『임상의학의 탄생』 읽기

초판 1쇄 인쇄 2021년 6월 18일
초판 1쇄 발행 2021년 6월 25일

–

지은이 허 경
펴낸이 이방원
기획위원 원당희
편 집 정우경·김명희·안효희·정조연·송원빈·최선희·조상희
디자인 손경화·박혜옥·양혜진 **영 업** 최성수

–

펴낸곳 세창미디어

　　　신고번호 제2013-000003호 주소 03736 서울시 서대문구 경기대로 58 경기빌딩 602호

　　　전화 723-8660 팩스 720-4579 **이메일** edit@sechangpub.co.kr **홈페이지** http://www.sechangpub.co.kr

　　　블로그 blog.naver.com/scpc1992 **페이스북** fb.me/Sechangofficial **인스타그램** @sechang_official

–

ISBN 978-89-5586-674-2 02160

표지 이미지: Rembrandt, 〈The Anatomy Lesson of Dr. Nicolaes Tulp〉(1632), (https://commons.wikimedia.org/wiki/File:Rembrandt_-_The_Anatomy_Lesson_of_Dr_Nicolaes_Tulp.jpg)

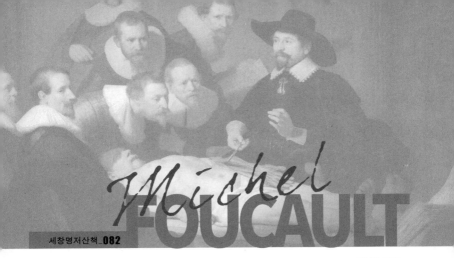

세창명저산책_082

허 경 지음

미셸 푸코의 『임상의학의 탄생』 읽기

세창미디어
MEDIA

일러두기

- 이 책은 기본적으로 나의 다음 논문을 크게 확장·보완한 것이다. 허경, 「근대 임상의학 및 생명 담론의 변화: 미셸 푸코의 『임상의학의 탄생』을 중심으로」, 『생명연구』 제23집, 서강대학교 생명문화연구소, 2012년 봄, 23–68쪽.
- 이하 본문에 등장하는 모든 『임상의학의 탄생』 프랑스어본의 인용은 1972년 판을 기준으로 한다. 인용문 뒤 소괄호에 프랑스어본의 쪽수를 적었으며, 독자의 편의를 위하여 필요한 경우 세미콜론 뒤에 한국어본의 쪽수를 함께 표시했다. 한국어본은 2006년에 나온 번역본 『임상의학의 탄생: 의학적 시선의 고고학』(홍성민 옮김, 이매진)을 기준으로 한다. 가령 표기 '(xiii; 24-25)'는 프랑스어본의 xiii쪽, 한국어본의 24-25쪽에 해당 인용문이 있음을 의미한다. 이 책에 제시된 번역은 모두 나의 새로운 번역이므로 독자는 두 번역을 비교해 볼 수 있을 것이다. 마찬가지로, 이 책에 등장하는 모든 외국어 번역은 특별한 표기가 없는 한 나의 번역이다.
- 인용문에서 『 』로 표시된 보조문의 내용은 문맥에 대한 옮긴이의 추가이다.

1장
들어가는 말

🌿

보는 시선이 지배하는 시선이다

le regard qui voit est un regard qui domine

1963년 4월 당시 만 37세의 미셸 푸코Michel Foucault(1926-1984)는『임상의학의 탄생: 의학적 시선의 고고학』을 출간한다. 제명이 잘 말해 주는 것처럼, 이 책은 **유럽, 18세기 말–19세기 초**에 걸쳐 이루어졌던 '임상의학Clinic'의 탄생을 다룬 책이었다. 푸코는 이미 1961년 자신의 박사학위 논문을『고전주의 시대의 광기의 역사』라는 제명으로 출간한 적이 있었다. 그러므로 2년 후에 출간된 이 책은 그 주제가 '정신의학'에서 '임상의학'으로 넘어갔을 뿐, 낯선 것이 아니다. 그러나 이는 자연과학, 특히 의학 내에서의 단순한 주제 이동에 그치지 않는다. 푸코는 '자연과학' 곧 임상의학의 탄생을 다루는 이 책이 '문학적 서정'을 다룬 다른 한 권의 책, 곧 같은 해에 출간된 『레몽 루셀』과 **쌍둥이**라고 여러 차례에 걸쳐 말했다. 그리고 서로 다른 출판사에서 출간됨에도 불구하고 푸코가 출간일마저도 같은 날로 맞추고 싶어 했던 이 두 권의 '쌍둥이-책'은 푸코 사유의 중요한 측면, 곧 **자연과학/인문과학의 동시성 테제**를 드러내 준다. 이것은 물론 자연과학(물질)의 인문학(관념)에 대한 우위를 주장하는 마르크스주의에 대한 부정과 거리 두기에 입각해 있다. 이러한 입장은 3년 후인 1966년 발표되어 프랑스 지성계에 큰 충격을 주게 될 『말과 사물』의 기본적 주장, 곧 '모든 시대의 인식은 구조주의적인 **무의식적 상수**常數의 형식으로 작동하는 동시대의 인식론적 장 곧 **에피스테메**épistémè의 지배를 받는다'는 주장을 소박한 형식으로나마 선취한 것으로 보아야 한다. 그러나 이러한 주장의 함축을 정확히 이해하기 위해서는 이 책이 출간된 1960년대 초반까지의 푸코 사유가 보여 주는 기본적 형식과 내용 및 그 형성 과정 일반에 대한 일정한 이해가 요청된다.

1. 개인적 이력과 판본들

아마도 일반인들에게는 이른바 '철학자'로 알려져 있는 푸코
가 『임상의학의 탄생: 의학적 시선의 고고학』이라는 제목을 가
진 의학 또는 자연과학 계열의 책을 출간한 것은 얼핏 특별한
개인적 관심, 또는 부차적 취미의 결과로 보일 수도 있을 것이
다. 그러나 실상 사정은 정반대이다. 우선 푸코의 의학·의학
사·정신의학, 보다 넓게는 과학 일반 및 그 역사에 관한 관심
은 우연한 것이거나 일회적인 것이 아니다. 푸코가 최초로 교
수로서 임용된 곳이 철학과가 아니라 심리학과였음을 생각해
보면, 사실상 이는 푸코 사유의 '본령'이라고 불러도 과언이 아
니다. 우리는 푸코에게 이러한 관심을 불러일으킨 요소들을
대략 다음처럼 다섯 가지 정도로 나누어 생각해 볼 수 있을 것
이다.

첫째, 우선 푸코의 아버지와 할아버지 및 외할아버지는 모두
푸아티에 지방의 **외과 의사**이자 **해부학** 교수였다. 푸코에게 자
연계, 의학, 나아가 특히 의사라는 직업은 이미 몇 대를 내려온
집안의 내력이자 가업이었다. 더욱이 푸코의 아버지 폴 푸코

는 장남인 푸코가 할아버지와 자신의 대를 이어 외과 의사·해부학자가 되기를 (거의 강압적으로) 희망했다. 물론 광의의 인문학 쪽으로 쏠려 있던 푸코는 아버지의 반대를 무릅쓰고 1946년 만 20세의 나이로 프랑스의 공인된 수재들이 모이는 파리 월름 가街의 고등사범학교에 들어감으로써 외과 의사가 되기를 거부한다. 이에 실망한 아버지와 푸코 사이의 갈등은 이미 잘 알려져 있는데, 이는 푸코가 호적상 자신의 이름인 '폴 미셸' 푸코에서 **아버지의 이름**인 '폴'을 떼어 내고 '미셸' 푸코로만 자신을 불러 달라고 고집했다는 사실에서도 **상징적으로** 드러난다. 이후 가업은 푸코가 아닌 그의 남동생 드니에 의해 이어지지만(아버지 푸코 부부의 자녀는 장녀 프랑신, 장남 푸코, 차남 드니의 순이다), 이러한 푸코 **집안의 의학적 배경** 및 **아버지의 강요**는 기본적 관심과 내용의 측면 모두에서 푸코의 사상 형성에 큰 영향을 끼친 것으로 추정해 볼 수 있다.[1]

---

[1] 우리는 이러한 영향을 보다 구체적으로 우선 '의학 혹은 심리학에 대한 관심'이라는 내용의 측면, 다음으로 '지배에 대한 저항 가능성의 모색'이라는 기본적 지향의 측면으로 나눌 수 있을 것이다. 푸코의 가계 및 갈등에 대한 자세한 기술은 다음의 저작들을 참조하라. Didier Eribon, *Michel Foucault*, Paris: Flammarion, 1989/1990/2011(3e éd.); 디디에 에리봉, 『미셸 푸코, 1926~1984』, 박정자 옮김, 그린

둘째, 푸코가 외과 의사 혹은 해부학자가 되기를 거부한 것은 사실이지만 그렇다고 해서 그가 의학과 관련된 모든 인연이나 관심을 완전히 끊은 것은 아니라는 사실 또한 지적되어야 한다. 푸코는 오히려 의학·의학사 및 심리학·정신의학에 관련된 공인된 다수의 '자격증'을 취득한 **심리학·정신의학 분야의 전문가**가 되었다. 우선 푸코는 1948년 철학 학사학위를 취득한 후, 1949년 2월에는 심리학 학사학위를 취득했다. 한편 20대 중반에 이른 푸코는 이 시기에 ─자신의 (이후 점차로 분명해지는) 정신분석·심리학 일반에 대한 **비판적** 관점에도 불구하고─ 갈로Gallot 박사에게 정신분석을 받는다. 1950년 이후 푸코는 프로이트 및 심리학·정신의학 일반에 대한 독서에 자신의 관심을 집중하고, 1951년 10월에는 고등사범학교의 **심리학** 복습강사가 된다. 푸코는 같은 시기에 앙리 라보리Henri Laborit가 최초의 신경이완제 실험을 수행했던 생트 안 정신병원의 원장 장 들레Jean Delay, 그리고 이전 제2차 대전 시기 푸아티에에서의 심리

비, 2012. 특히 1부 1장; Daniel Defert, 'Chronologie', *Dits et Ecrits I: 1954-1975*(이하 '*DEQ I*'로 약칭), Collection 'Quarto', Paris: Gallimard, 2001, pp. 13-90.

학 연구로 명성을 얻은 자클린 베르도Jacqueline Verdeaux 및 그 남편 베르도 박사와 함께 심리학자의 자격으로 전기 엑스선 뇌검사 실험실에서 작업을 수행한다. 동시에 푸코는 '데카르트 이후의 사상가들 및 심리학의 탄생'에 관한 박사학위 논문의 집필을 시작하는데, 특히 각기 동시대의 의학·심리학적 사유에 천착한 니콜라 말브랑슈Nicolas Malebranche(1638-1715)와 멘 드 비랑Maine de Biran(1766-1824)의 사상에 열정적으로 몰입한다. 당시 푸코는 심리학 관련 학술지의 편집장을 맡아보던 이냐스 메이에르송Ignace Meyerson과도 친밀히 교류한다. 1952년 이후 푸코는 앞서 언급한 생트 안 정신병원의 원장 장 들레의 지도 아래 심리학 관련 연구를 수행한다. 그리고 같은 해 6월에 파리심리학연구소에서 정신병리학 자격증을 취득하고, 10월에는 릴대학교의 심리학 조교가 된다.[2]

이처럼 푸코가 단순히 심리학 혹은 정신의학에 개인적 '취미' 혹은 '흥미'를 가진 아마추어가 아니라 전문적 공인 기관의 다

---

2 이는 현재 우리나라 대학 직제로는 대학원 등의 '조교'가 아니라 오히려 해당 학과의 '전임강사 또는 조교수'에 가까운 프랑스 대학의 직급이다.

수 자격증을 취득한 전문가였고, 당시 프랑스의 최첨단 심리학·정신의학 분야에서 최고 권위자들이 수행한 선구자적 성격의 연구·실험에 정식 심리학 자격증 소지자로서 참여했다는 사실은 분명하다. 그리고 앞서 언급한 것처럼, 푸코가 자신의 교수 경력을 시작한 최초의 학과가 **심리학과**였다는 사실 등은 푸코의 향후 사상적 여정에 중요한 의미를 지닌 것으로 평가될 수 있다.

셋째, 푸코는 정식 교육을 받은 심리학·정신의학 연구자였을 뿐만 아니라, 동시에 이와 관련된 다양한 첨단 국외 저작을 번역하고 주요한 연구 논문·저술을 집필한 **번역자**이자 **사가**史家였다. 푸코는 1953년 1월 이후 라캉Jacques Lacan(1901-1980)의 세미나에 참여하게 되고, 같은 해 3월 이후에는 '양차 대전 사이의 독일 심리학 연구'에 몰두하게 된다. 그리고 동시에 프로이트의 정신분석과 하이데거의 현존재분석을 결합하려 했던 스위스의 실존주의적 정신의학자 루트비히 빈스방거Ludwig Binswanger(1881-1966)의 『꿈과 실존*Traum und Existenz*』(1930) 프랑스어본 「서문Introduction」을 쓰는데, 이는 푸코가 출간한 최초의 학술적인 글이다. 같은 시기에 푸코는 스위스의 심리학자 롤

랑 쿤Roland Kuhn을 만나 그의 주관하에 로르샤흐 검사 수행 작업에 참여했으며, 6월에는 심리학연구소로부터 관련 자격증을 취득한다. 푸코는 1953년 '과학적 심리학의 역사'에 관한 긴 논문을 작성하는데, 1957년에야 발표되는 이 논문의 제목은 이후 「1850-1950년의 심리학」으로 확정된다.[3] 푸코가 1954년 발간한 최초의 저술 제명 역시 다름 아닌 『정신병과 인격Malaldie mentale et personnalité』이었다. 1955년 가을 푸코는 스웨덴 웁살라Uppsala의 프랑스 문화원장으로 가게 되고, 이어지는 1956-1957년의 시기에는 북유럽에서 가장 오래된 유서 깊은 웁살라 대학교 도서관에서 '정신의학' 및 '광기'의 역사에 관한 작업을 구상하는데, 그 결과가 1961년 5월에 제출된 박사학위 주± 논문 '광기의 역사'이다. 논문은 『광기와 비이성: 고전시대의 광기의 역사』라는 제목으로 1961년 프랑스의 플롱출판사에서 출간되었는데,[4] 이후 1972년 갈리마르출판사로 판권을 옮기면서 『고전주의 시대의 광기의 역사』라는 새로운 제명을 얻게 된

---

3 'La psychologie de 1850 à 1950', *DEQ I*, pp. 148-165.

4 *Folie et déraison: histoire de la folie à l'âge classique*, Collection 'Civilisations et mentalités', Paris: Plon, 1961.

다.[5] 한편 푸코는 1957년 또 다른 심리학 관련 논문 「과학적 연구와 심리학」을 발표한다.[6] 결국 1954년의 첫 번째 저서 『정신병과 인격』과 1961년의 학위논문 「광기와 비이성: 고전시대의 광기의 역사」 사이에 푸코가 발표한 글은, 앞서 살펴본 것처럼, 1953년에 저술되어 1957년에 출간된 논문 「1850-1950년의 심리학」과 1957년에 출간된 논문 「과학적 연구와 심리학」 두 편이 전부이다. 따라서 푸코는 1954년부터 1961년까지 **오직** 심리학·정신의학 관련 연구만을 출간한 이 분야의 전문가였다. 이로부터 우리는 푸코가 자신의 본격적 학문 여정을 시작한 1950년대 초 이후 1960년대 초반에 이르기까지 푸코 연구의 본령은 다름 아닌 심리학 및 의학, 특히 **정신의학 일반**에 관한 것이었다고 말할 수 있다.

넷째, 한편 푸코의 이러한 의학·심리학·정신의학 등 제반 과학 분야에 대한 관심은 그만의 독특한 개인적 관심이라기보다는 프랑스 지성계의 일반적 경향인 **과학철학적·인식론적 전통**

---

5   *Histoire de la folie à l'âge classique*, Collection 'TEL', Paris: Gallimard, 1972.
6   'La recherche scientifique et la psychologie', *DEQ I*, pp. 165-186. 이상의 기술은 다음 '연보'를 참조하여 요약·정리한 것이다. 'Chronologie', *DEQ I*, pp. 13-90.

에 기인한 것이라는 점이 지적되어야 한다. 이미 여러 차례 지적된 것처럼, 프랑스의 사유는 전통적으로 데카르트와 파스칼 이래 과학철학적·인식론적 전통에 깊이 침윤되어 있다. 이는 이후 근현대의 시기에도 그대로 이어져 프랑스는 퀴비에, 라마르크, 파스퇴르, 퀴리 부부 등 이루 헤아릴 수 없는 과학자와 베르그송, 코이레, 바슐라르 등 과학철학자·과학사가를 낳은 나라로서 스스로를 자리매김하게 된다. 이러한 경향은 푸코뿐 아니라, 푸코의 직전 세대 또는 동시대 인물들에 속하는 사르트르, 메를로퐁티, 레비스트로스, 라캉 및 알튀세르, 들뢰즈, 데리다, 세르 등 거의 모든 프랑스 사상가들에게서 오늘날까지도 찾아볼 수 있는 근현대 프랑스 사유의 **일반적** 특징이다.[7]

마지막 다섯 번째로, 위 네 번째 요소의 구체적인 사례로서, 우리는 특히 푸코의 스승이었던 캉길렘Georges Canguilhem(1904-1995)의 강력한 영향을 들 수 있을 것이다.[8] 캉길렘은 고등사범

---

7   이에 대한 개괄적 설명으로는 다음 번역본의 '역자해설' 중 '담론의 형성과 변환'을 보라. 미셸 푸코, 『담론의 질서』, 이정우 옮김, 서강대학교출판부, 1998. 현재는 다음의 새 번역이 나와 있다. 미셸 푸코, 『담론의 질서』, 허경 옮김, 세창출판사, 2020.

8   후에 푸코는 캉길렘의 대표작인 『정상적인 것과 병리적인 것』(1943/1966) 영역본(1978)의 '서문(Introduction)'을 쓰게 된다. Georges Canguilhem, *Le Normal et le*

학교를 졸업하고 1943년 6월 스트라스부르대학교에서 의학 박사학위를 취득한 과학사가, 특히 생물학 및 의학의 역사가로서 푸코에게 커다란 영향을 끼친 인물로 간주된다. 더욱이 푸코 자신에 의해 1961년에 나온 『광기의 역사』의 '마지막 장들'이라 지칭되었던[9] 『임상의학의 탄생』은 다름 아닌 캉길렘이 관장하는 '의학과 생물학의 철학·역사' 총서에서 출간되었다. 이후로도 푸코에 대한 캉길렘의 지적 영향은 일반적으로 깊고도 광범위한 것으로 평가된다.

결론적으로, 우리는 위에 열거한 이러한 사실들에 의거해 심리학과 정신의학은 물론, 푸코의 임상의학 및 의학 일반에 대한 관심은 단지 일회적이거나 우연적인 것이 아니라 당시 푸코

Pathologique, Collection 'Quadrige', Paris: P.U.F., 2005(rév. 9e éd.); 'Introduction by Michel Foucault', in Georges Canguilhem, On the Normal and the Pathological, trans. Carolyn R. Fawcett, with editorial collaboration of Robert S. Cohen, Dordrecht: D. Reidel Publishing Company, 1978, pp. ix-xx; 조르쥬 깡길렘, 『정상적인 것과 병리적인 것』, 여인석 옮김, 인간사랑, 1996; 조르주 캉길렘, 『정상과 병리』, 이광래 옮김, 한길그레이트북스 10, 한길사, 1997; 조르주 캉길렘, 『정상적인 것과 병리적인 것』, 여인석 옮김, 그린비, 2018. 여인석의 국역본에는 (푸코가 쓴) 영역본 서문이 번역되어 실려 있다.

9 물론 이는 단순한 '속편'의 개념이 아니라 다만 '유사한 문제의식 및 관심' 아래 저술된 것이라는 포괄적 의미로 해석되어야만 한다.

연구의 본령을 보여 주는 것이었다는 점을 명확히 알 수 있다.

2. 판본학적 문제

한편 연구자의 입장에서는 곤혹스럽게도 『임상의학의 탄생』
의 프랑스어 원본 및 우리말 번역본은 복잡하고도 난감한 **판본
학적·번역학적 문제들**을 가지고 있다. 따라서 『임상의학의 탄
생』의 내용적 논의를 검토하기 위해서는 반드시 이러한 문제를
먼저 분명히 정리하고 넘어가야만 한다.

우선, 우리가 알아 두어야 할 점은 프랑스어판 원본 『임상의
학의 탄생』이 1963년의 '초판'과 1972년의 '개정판'을 가지고 있
다는 사실이다. 『임상의학의 탄생』에 관련된 다양한 판본들 및
번역본들은 일단 다음처럼 정리될 수 있다.

① *Naissance de la Clinique: Une Archéologie du Regard Médical*,
Collection 'Galien. Histoire et Philosophie de la Médecine', Collection
dirigée par Georges Canguilhem, Paris: P.U.F., 1963. 이는 푸코
가 1963년 출간한 책의 **초판**이나, 푸코는 초판이 매진된 이후
이를 절판시키고, 책 전체를 새롭게 고쳐 쓴 다음의 개정판을

1972년 출간한다.

② *Naissance de la Clinique*, Collection 'Quadrige', Paris: P.U.F., 1972(rév. 2e éd.). 이는 1963년 초판에서 부제를 삭제하고, 내용 면에서도 상당한 연구 방법론상의 수정을 담은 **개정판**이다. 이 수정은 대략 1960년대 말로부터 1970년대 초에 있었던 **시니피에의 체계적 형식에 대한 분석**으로부터 **담론 형성작용의 분석**으로의 이행과 일치한다. 1963년 초판과 1972년 개정판의 이러한 방법론적 차이는 그사이 푸코가 1969년의 『지식의 고고학』과 1971년의 『담론의 질서』에서 개진한 **언표 및 담론의 분석**이라는 방법론이 도입된 결과이다. 그러나 기이하게도, 이 1972년 개정판에는 그것이 '개정판'이라는 표기가 없다. 따라서 이 두 권의 책을 대조하며 직접 꼼꼼히 읽지 않은, 전문가가 아닌 대부분의 독자는 이 1972년의 '개정판'이 1963년의 원본을 내용의 변경 없이 1972년에 다시 '그대로' 출판한 것이라 생각할 수밖에 없다. 이 1972년판이 1963년판을 거의 전면적으로 수정한 '개정판'이라는 명시적 표기는 1994년 처음 출간된 푸코의 유고집 『말과 글』에 실린 「연대기Chronologie」 부분에서야 명확히 나타나지만, 이러한 서지학적 사실은 일부 전문가들을 제외하고

는 거의 대부분의 경우 잘 알려져 있지 않다.

③ *The Birth of the Clinic: An Archaeology of Medical Perception*, trans. Alan M. Sheridan Smith, New York: Pantheon/London: Tavistock, 1973 and New York: Vintage, 1994. 이 1973년의 영어 번역은 1972년의 개정판 ②를 옮긴 것이다. 번역 판본에 대한 특별한 언급이 없어 마치 1963년의 초판 ①을 옮긴 것 같은 인상을 주지만, 내용을 확인해 보면 이 영역본은 1972년의 개정판을 옮긴 것이 확실하다. 1972년판 프랑스어 원본 ②에서는 사라진 부제를 여전히 사용하는 오류를 보여 준다.

④ 미셸 푸코, 『임상의학의 탄생』, 홍성민 옮김, 현대프랑스 철학총서 21, 인간사랑, 1993. 번역의 정확한 판본이 밝혀져 있지 않으나, 내용을 보면 1972년판 ②를 번역한 것이 확실하다.

⑤ 미셸 푸코, 『임상의학의 탄생: 의학적 시선의 고고학』, 홍성민 옮김, 이매진 컨텍스트 11, 이매진, 2006. 이는 출판사가 바뀌었지만, ④와 동일한 역자에 의한 '개정판'이다. 그러나 이 책은 담화를 담론으로 바꾸는 등 몇몇 사소한 변경을 제외하고는 번역상의 교정이 거의 없는 사실상 ④와 '같은 책'이다. 한편 이 두 번째 번역본에는 번역 판본이 밝혀져 있으며, 1963년

의 초판본 ①을 옮긴 것으로 되어 있으나, 실제 내용을 확인해 보면 1972년의 개정판 ②를 옮긴 것이 틀림없다. 또 1972년판에는 사라진 부제를 번역본의 부제로 쓰고 있다(④에는 부제가 없다).

더욱이 푸코는 1963년의 초판을 **절판**시켜 버렸다. 우리는 바로 이러한 사실 자체만으로도 1972년 이후 푸코가 1963년의 초판을 더 이상 어떤 '합당한 방법론을 가진' 책으로 인정하지 **않았다**는 사실을 합리적으로 유추해 볼 수 있다. 여기에서 잊지 말아야 할 점은 우리가 현재 ―도서관 소장본 등의 경우를 제외한다면― 국내외를 막론하고 시중에서 구해 볼 수 있는 모든 프랑스어·영어·국역본은 모두 1972년의 개정판 또는 그 번역본들이라는 사실이다. 따라서 푸코의 『임상의학의 탄생』에 관련되는 모든 논의는 1972년의 개정판을 **정본正本**으로 하여 수행되어야만 한다.

2장
『임상의학의 탄생』
― 초판과 개정판의 차이점

앞서 살펴본 것처럼, 1972년 개정판에서 발견되는 이러한 개념들의 폐기 및 대치는 우연한 것이 아니라 푸코 사유 자체 내의 변화를 반영한다. 그렇다면 1972년 개정판의 변화가 푸코 사상 자체 내에서 갖는 의미는 어떤 것일까? 이를 위해서는 1963년의 초판 및 1972년의 개정판 『임상의학의 탄생』 출간을 전후한 푸코 사유의 대강을 먼저 살펴보아야 한다. 그러나 물론 아래의 논의는 책의 전반적 내용이 아닌, 두 권의 책 사이에 존재하는 **방법론적 차이**라는 측면에 집중하여 진행될 것이다. 초판과 개정판 사이에는 근본적인 방법론적 차이가 있지만, 그렇다고 해서 푸코가 초판에서 사용한 자료와 결론 자체를 근본적으로 부정하는 것은 **아니기 때문**이다.

1. 사상적 배경

이미 살펴본 것처럼, 푸코는 1961년 소르본대학교에서 논문「광기와 비이성: 고전시대의 광기의 역사」로 박사학위를 취득했다. 1961년 11월에는 『임상의학의 탄생』을 이미 완성했으며, 이후 즉시 프랑스의 작가 레몽 루셀Raymond Roussel(1877-1933)에 대한 또 다른 저작에 착수했다고 알려져 있다. 이듬해인 1962년에는 자신의 최초 저작이었던 1954년의 『정신병과 인격』을 전면적으로 수정하고, 특히 제2부를 완전히 다시 써서 『정신병과 심리학』이라는 새로운 제명으로 재출간한다.[10] 이는 푸코가 여전히 당대의 지배적 사조였던 **마르크스주의·현상학·실존주의**의 영향 아래 저술한 1954년의 『정신병과 인격』을

---

10 미셸 푸코, 『정신병과 심리학』, 박혜영 옮김, 문학동네, 2002. 이 1962년 수정본 『정신병과 심리학』의 제2부는 전해인 1961년에 나온 『광기의 역사』에 대한 푸코 자신의 가장 완벽한 요약으로 간주된다. 따라서 1962년의 개정판 『정신병과 심리학』은 『광기의 역사』에 대한 최적의 입문서라고 말할 수 있다.

1962년 현재의 관점에서 『정신병과 심리학』이라는 제명 아래 새롭게 재구성했음을 알려 주는 지표이다. 참고로, 푸코는 고등사범학교 스승 루이 알튀세르의 강력한 영향력 아래 1950-1953년 공산당에 입당했다가 탈당하지만, 1954년 출간된 『정신병과 인격』은 여전히 이들 사조의 영향 아래에 있다. 약간의 시차는 있지만, 푸코는 대략 1953년 이래 니체의 저작들에 대한 본격적인 독서에 돌입하고 이는 1950년대 내내 무르익어 간 것으로 보인다. 푸코는 1970년대 이래 **니체**에 강력히 영향받은 '권력의 계보학'으로 전환한 이후 각종 인터뷰를 통해 자신의 초기 사유에 미친 니체의 영향력을 강조하고 있지만, 이에는 인터뷰가 진행된 1970년대 현재의 시점에서 바라본 일정한 '사후적' 평가가 개입되어 있음을 간과해서는 안 된다. 더욱이 푸코가 1960년대 프랑스 지성계에 혜성같이 등장했을 때, 사람들이 그의 저작에서 읽어 낸 것은 니체주의가 아니라, 너무나도 명백한 **구조주의**였음을 기억해야 한다. 물론 1960년대 푸코의 사유가 구조주의인가의 여부는 매우 복잡한 문제이다. 우선 푸코 자신이 그러한 독해를 강력히 부정하고 있다. 이에 대한 답변은 푸코의 사유와 구조주의, 양자에 대한 보다 면밀한 검토가 선행된 이후에만 가능한 일이다.

이상의 논의를 요약해 보면, 1950년대 초반까지의 젊은 푸코는 당대의 지배적 사유였던 마르크스주의·현상학·실존주의의 여실한 영향권 아래에 있었다. 1950년대 초중반 이래 푸코는 니체와 구조주의에 영향받아 서서히 이들 사유로부터 벗어나게 되는데, 푸코의 인터뷰는 니체의 영향력을 강조하고 있지만 이는 사후적 관심의 일정한 반영이며, 오히려 푸코가 1960년대 초중반 지적 세계에 모습을 드러낸 것은 구조주의의 젊은 기수로서였다. 오늘 되돌아보면, 1961년의 『광기의 역사』는 이러한 이후의 방법론들이 여전히 혼재된 상태로 병존하고 있는 책, 아직 자신의 방법론을 확립하지 못한 책으로 자리매김될 수 있다. 그리고 푸코는 1963년 『임상의학의 탄생』과 『레몽 루셀』이라는 두 권의 '구조주의적' 저작을 내고, 1966년에는 '구조주의적' 사유의 정점을 찍는 『말과 사물』을 낸다. 이후 푸코는 다시 1969년의 『지식의 고고학』을 기점으로 구조주의의 한계를 전면적으로 검토하게 된다.[11] 그 결과, 니체주의를 수용

---

11 이상의 논의에 대한 보다 상세한 설명은 세창미디어에서 나온 나의 책 『미셸 푸코

한 첫 번째 선언문과도 같은 1971년의 『담론의 질서』이후, 푸코 사유의 기본 지향은 '니체주의의 현대화'라는 방향으로 전적으로 기울어진다. 그리고 1972년에 푸코는 구조주의적 방법론에 '여전히' 사로잡혀 있던 1963년의 『임상의학의 탄생』 개정판을 발간하는 것이다.

기억해 두어야 할 점은 이상과 같은 사정이 있었다고 해서 푸코가 1963년 『임상의학의 탄생』 초판의 모든 논점을 부정하는 것은 **아니라는** 사실이다. 사실상 우리는 과거의 책을 다시 쓸 수는 있어도, 과거의 책을 그 자체로 부인할 권리는 없는지도 모른다. 과거는 과거 그 자체로 자신만의 의미-세계를 갖기 때문이다. 나는 다만 오늘 나의 관점으로 과거의 사실들을 오늘에 맞추어 **재배치**할 수 있을 뿐일 것이다. 이는 **의미의 장**field of senses이 변형된 것이라 볼 수 있다. 마찬가지로, 푸코는 초판 『임상의학의 탄생』의 모든 사실과 논점을 부정하는 것이 아니라, 몇 가지 방법론적 수정을 가할 뿐이다. 우리는 1972년의 개정판 『임상의학의 탄생』에서도 '구조주의적' 함축을 여전히 읽

의 《광기의 역사》 읽기』(2018)와 『미셸 푸코의 《지식의 고고학》 읽기』(2016)를 보라.

어 낼 수 있다. 아래에서는 1963년 초판『임상의학의 탄생』의 방법론적 주장을 요약하고, 그 요체를 1972년의 개정판과 비교하는 작업을 해 보자. 이 책은 국역본이 없으므로, 이하의 논의는 몇몇 핵심적 부분(특히 1972년판에서 **삭제** 또는 **변경**된 부분)의 번역을 제시하고 이렇게 제시된 방법론이 갖는 철학적 함축을 간략히 살펴보는 방식으로 진행될 것이다. 이하의 논의는 양자의 차이가 두드러지는 서문과 결론만을 대상으로 하여 수행될 것이다. 당연한 말이겠지만, 양자 사이의 방법론적 차이가 결정적으로 드러나는 것은 서문과 결론이다. 전체적으로 보아, 상대적으로 실증적인 자료 인용과 논증이 주를 이루는 '본문'의 내용은 대동소이하다고 볼 수 있다.

2. 방법론적 차이 ─ '시니피에의 구조적 분석'에서 '역사적 담론 분석'으로

1) 서문

우선, 양자의 서문을 살펴보자. 우리의 예상과 달리, 대략 11쪽에 이르는 1963년의 초판 서문과 1972년의 개정판 서문 사이에는 거의 차이가 없다. 마지막 부분에 등장하며 '전면적으로 수정된' 한 단락을 제외하면, 푸코는 다만 4-5개의 표현만을 손보고 있을 뿐이다. 그런데, 이 전면적으로 수정된 한 단락과 수정된 4-5곳의 표현이 보여 주는 양자 사이의 차이는 **결정적**이다.

우선 전면적으로 수정된 한 단락을 살펴보자. 1963년의 초판은 이렇게 적고 있다.

"정의상, 타인들의 사유에 대해 말하기, 타인들이 이미 말한 것을 말하려는 시도는 시니피에에 대한 분석을 수행하는 것이다. 그러나 시니피에는 필연적으로 오직 특정 내용으로서만, 오직 다소간은 암묵적인 것으로 간주되는 특정 양식에 대해 상호 작용하는 현존 테마들의 연쇄로서만 취급되어야 하는 것일까? 근원적 일치 안에서 시니피에와 시니피앙을 보존함으로써, 주석의 운명을 벗어나는 시니피에에 대한 구조적 분석을 수행하는 것은 불가능한 일일까? 이제 의미론적 요소를, 다양한 의미작용을 가능케 하는 자율적 핵심이 아니라, 체계의 점진적 형성을 통해 작용하는 선분들로서 다루어야 할 필요가 있다. 한 문장의 의미는 그 문장이 담고 있는, 보존하는 동시에 드러내는, 의도의 보고寶庫에 의해서가 아니라, 그 문장과 동시에 존재하거나 또는 시간의 선형적 계열 안에서 서로 맞서는, 다른 현실적 또는 가능한 언표들과 관련되어 분절작용을 수행하는 차이에 의해 정의되어야 한다. 시니피에의 체계적 형식은 이런 과정을 통해 드러나게 될 것이다"(초판, xiii).

1972년의 개정판에서는 이 단락 전체가 송두리째 빠지면서 다음의 단락으로 대치되었다(앞뒤의 단락은 동일하다).

"전통적으로, 타인들의 사유에 대해 말하고, 타인들이 이미 말한 것을 말하려는 시도는 시니피에의 분석을 수행하는 일이다. 그러나, 이런저런 방식으로, 말해진 사물들이 오직 배타적으로 시니피앙과 시니피에의 놀이에 의해서만 취급되어야 한다는 주장은 필연적일까? 말해진 것에 대해 어떤 잔여도 초과도 가정하지 않으며 오직 그것의 역사적 출현이라는 단순한 사실만을 받아들이는 분석, 곧 주석의 운명을 벗어나는 담론 분석을 수행하는 것이 가능하지 않을까? 따라서 이제 담론을, 다양한 의미작용을 가능케 하는 자율적 핵심이 아니라, 점차적으로 체계를 형성하며

작용하는 선분들 및 사건들로서 다루어야 한다. 하나의 특정 언표言表, énoncé가 갖는 의미는 그 언표가 담고 있는, 보존하는 동시에 드러내는, 의도의 보고에 의해서가 아니라, 그 언표와 동시에 존재하거나 또는 시간의 선형적 계열 안에서 서로 맞서는, 다른 현실적 또는 가능한 언표들과 관련되어 분절작용을 수행하는 차이에 의해 정의되어야 한다. 담론의 체계적 역사성은 이런 과정을 통해 드러나게 될 것이다"(xiii; 24-25).

우리는 초판과 개정판의 차이가 이 단락보다 더 잘 드러나는 예를 찾을 수는 없을 것이다! 정리를 위해 양자 사이의 차이를 다음과 같이 도표화하여 살펴보자.

	63년 초판	72년 개정판
부정의 대상	현존 테마들의 연쇄	시니피앙과 시니피에의 놀이
긍정적 제시의 내용	시니피에에 대한 구조적 분석	담론 분석
	시니피에의 체계적 분석	담론의 체계적 역사성
주요 용어	문장의 의미	담론
	문장	언표
	선분들	선분들 및 사건들

보다 자세히 살펴보면, 63년 초판의 경우, 부정되어야 할 기존의 방법론은 '오직 특정 내용으로서만' 이해되면서 '오직 다소간은 암묵적인 것으로 간주되는 특정 양식에 대해 상호 작용하는' **현존 테마들의 연쇄**로서 제시되었다. 이에 대해 푸코가 제시하는 새로운 방법론은 '근원적 일치 안에서 시니피에와 시니피앙을 보존함으로써, 주석의 운명을 벗어나는' **시니피에에 대한 구조적 분석**, 또는 '그 문장과 동시에 존재하거나 또는 시간의 선형적 계열 안에서 서로 맞서는, 다른 현실적 또는 가능한 언표들과 관련되어 분절작용을 수행하는 차이에 의해 정의'되는 **시니피에의 체계적 분석**이다. 그러나 72년 개정판의 경우, 이제 부정되어야 할 기존의 방법론은 '이런저런 방식으로, 말해진 사물들을 배타적인' 방식으로 다루는 **시니피앙과 시니피에의 놀이**이다. 이에 대해 푸코가 제시하는 긍정적 방법론은 '그 언표와 동시에 존재하거나 또는 시간의 선형적 계열 안에서 서로 맞서는, 다른 현실적 또는 가능한 언표들과 관련되어 분절작용을 수행하는 차이', 곧 **담론의 체계적 역사성**이다. 푸코는 '시니피에에 대한 구조적 분석'이라는 기존의 방법론을 말끔히 포기하고 '담론 분석'이라는 새로운 방법론을 받아들인 것이다.

우리는 이러한 변화를 서문의 마지막 네 단락에서도 찾을 수 있다. 우선, 초판에 실린 마지막으로부터 네 번째 단락을 보자.

"(의사들에 의해 주장되었던 이론의 거부, 체계의 포기, 비非-철학 등과 같은) 임상의학 담론의 억제란, 암암리에, 그러한 억제로 하여금 말을 할 수 있게 해 주는 마르지 않는 저장소, 곧 그러한 억제가 보고 또 말하는 것ce qu'elle voit et ce qu'elle dit을 절단하고 분절하는 공통 구조를 가리킨다"(초판, xv).

이 문장은 1972년의 개정판에서 다음과 같은 문장으로 바뀐다.

"(의사들에 의해 주장되었던 이론의 거부, 체계의 포기, 비非-철학 등과 같은) 임상의학 담론의 억제는 그러한 임상의학 담론으로 하여금 말을 할 수 있게 해 주는 비-언어적 조건들, 곧 보이는 것과 말해지는 것ce qui se voit et ce qui se dit을 절단하고 분절하는 공통 구조로 되돌아간다"(xv; 26-27).

이 단락에 이어지는 서문의 마지막 세 단락을 보자. 우선 초판은 다음과 같다(변화가 있는 부분을 밑줄로 표시했다).

"이곳에서 수행된 연구는 따라서, 그것이 어떤 규제적 의도도 없이 근대가 통과했던 바와 같은 의학적 경험의 가능 조건들을 결정하고자 한다는 의미에서, <u>비판적이고자</u> 하는 단호한 기획을 함축한다.

단언컨대, 이 책은 하나의 의학을 다른 의학으로 대체하거나, 또는 의학의 부재를 옹호하는 의학으로 대체하기 위해 작성된 것이 아니다. 이 책에서 문제가 되는 것은, 다른 곳에서와 마찬가지로, <u>역사의 두께 속에서 역사 자체의 조건들을 해독하고자 시도하는 구조적 연구</u>이다.

<u>인간의 사유에서</u> 중요한 것은 <u>인간이 무엇을 생각했었는가가</u> 아니라, 차라리 그 시초부터 <u>인간의 사유를</u> 체계화하고, 이후로 <u>인간의 사유를</u> 언어작용에 무한히 접근 가능하게 만들면서 <u>다시 사유하는 작업으로 개방해 주는 이 비-사유non-pensée</u>이다"(초판, xv).

이 마지막 세 단락은 개정판에서 다음과 같이 수정된다.

"이곳에서 수행된 연구는 따라서, 그것이 어떤 규제적 의도도 없이 근대가 통과했던 바와 같은 의학적 경험의 가능 조건들을 결정하고자 한다는 의미에서, 역사적인 동시에 비판적이고자 하는 단호한 기획을 함축한다.

단언컨대, 이 책은 하나의 의학을 다른 의학으로 대체하거나, 또는 의학의 부재를 옹호하는 의학으로 대체하기 위해 작성된 것이 아니다. 이 책에서 문제가 되는 것은, 다른 곳에서와 마찬가지로, 담론의 두께 속에서 그 역사의 조건들을 분리해 내고자 시도하는 하나의 연구이다.

인간에 의해 말해진 사물들과 관련되어 중요한 것은 이 말해진 사물들 안에서 또는 말해진 사물들에 대해 인간이 무엇을 생각했었을까가 아니라, 차라리 그 시초부터 그 말해진 사물들을 체계화하고, 이후로 그것들을 새로이 언어작용에 무한히 접근 가능하게 만들면서 그것들을 변형시키는 작업을 향해 개방해 주는 그것이다"(xv; 27).

변화는 미세하다. 그러나 이 변화는 앞서의 경우와 마찬가지로 **결정적**이다. 이 세 단락의 변화를 다음과 같이 표로 정리해 보자.

	63년 초판	72년 개정판
1	비판적이고자	역사적인 동시에 비판적이고자
2	역사의 두께 속에서 역사 자체의 조건들을 해독하고자 시도하는 구조적 연구	담론의 두께 속에서 그 역사의 조건들을 분리해 내고자 시도하는 하나의 연구
3	인간의 사유에서	인간에 의해 말해진 사물들과 관련되어
4	인간이 무엇을 생각했었는가가 아니라	이 말해진 사물들 안에서 또는 말해진 사물들에 대해 인간이 무엇을 생각했었을까가 아니라
	인간의 사유를 체계화하고	그 말해진 사물들을 체계화하고
5	인간의 사유를 언어작용에 무한히 접근 가능하게 만들면서 다시 사유하는 작업으로 개방해 주는 이 비-사유	그것들을 새로이 언어작용에 무한히 접근 가능하게 만들면서 그것들을 변형시키는 작업을 향해 개방해 주는 그것

이상의 변화를 위에서부터 순서대로, 하나씩 살펴보자.

우선, '비판적'이라는 용어가 '역사적인 동시에 비판적'으로 바뀌었다. 핵심은 '비판적인'이라는 표현의 강조점이 어디까지나 구조(주의)적 공간에서 작용하는 일반성을 지칭하는 뉘앙스를 갖는 데 반해, '역사적인 동시에 비판적인'이라는 용어는 늘 특정 공간·시간 속에서 드러나는 구체성을 담지하는 뉘앙스를 갖는다는 점이다. 양자 모두 '비판성'은 여실히 유지된다.

다음으로, '역사의 두께 속에서 역사 자체의 조건들을 해독하고자 시도하는 구조적 연구'라는 표현이 '담론의 두께 속에서 그 역사의 조건들을 분리해 내고자 시도하는 하나의 연구'로 바뀌었다. 이제, 연구의 배경은 더 이상 공시적인 일반적 '역사'의 두께가 아닌, 특정 시공간에서만 드러나는 특정 '담론'의 두께이다. 따라서 '역사 자체의 조건'이란 없으므로, 오직 매 지역, 매 시기마다의 '특정 역사, 특정 조건들'만이 있다. 따라서 연구의 대상은 이제 특정 시공간이 갖는 '그 역사'가 된다. '구조적 연구'가 '연구'로 바뀌었다. 이는 단적으로 푸코가 구조(주의)적 연구 방법론을 포기했음을 알려 주는 상징적 변화이다.

세 번째로, '인간의 사유에서'가 '인간에 의해 말해진 사물들과 관련되어'로 바뀌었다. 연구의 대상은 이제 '인간의 사유'라는 일반성이 아니라, '인간에 의해 말해진 사물들과 관련된' 특정 시대의 특정 체계가 갖는 규칙들에 대한 탐구로 전환된다. '인간에 의해 말해진 사물들과 관련된'이라는 표현은 누가 보아도 초판과 개정판의 사이, 곧 1966년에 발간된 『말과 사물』을 떠올리게 하는 표현으로 읽힌다.

이어지는 네 번째 변화는 다음의 두 표현이다. 곧 '인간이 무엇을 생각했었는가가 아니라'와 '인간의 사유를 체계화하고'가 각기 '이 말해진 사물들 안에서 또는 말해진 사물들에 대해 인간이 무엇을 생각했었을까가 아니라'와 '그 말해진 사물들을 체계화하고'로 바뀐 것도 세 번째 변화와 동일한 맥락을 갖는다.

마지막 다섯 번째로, '인간의 사유를 언어작용에 무한히 접근 가능하게 만들면서 다시 사유하는 작업으로 개방해 주는 이 **비-사유**'가 '그것들을 새로이 언어작용에 무한히 접근 가능하게 만들면서 그것들을 변형시키는 작업을 향해 개방해 주는 그것'으로 바뀌었다. 문장의 앞부분은 바로 위에서 설명한 변화와 동일한 내용이다. 뒷부분의 '다시 사유하는 작업으로 개방해 주는 이 비-사유'는 '변형시키는 작업을 향해 개방해 주는 그것'으로 바뀌었다. '다시 사유하는 작업'이 '변형 작업'으로 바뀌었다. 이제 푸코가 수행하는 역사적·비판적 연구의 목적은 '다시 사유하는 것'에서 '변형'으로 바뀌었다.

그리고 오늘 우리는 이 1963년판의 비-사유가 1966년의 『말과 사물』에서는 사유(의식)의 가능 조건으로서의 비-사유, 곧 주어진 특정 시공간의 모든 지식을 가능케 하는 조건들의 장으로서의 무의식적 상수인 **에피스테메**로 진화할 것임을 알고 있다(마찬가지로, 우리는 푸코가 1971년의 『담론의 질서』 이후, 무의식적 상수로서의 에피스테메를 중심으로 회전하는 '지식의 고고학' 시기로부터 바깥이 없는 '권력의 계보학', '권력-지식'의 시기로 이행할 것을 잘 알고 있다).

2) 결론

모두 5쪽이 조금 못 되는 초판과 개정판의 결론에서 수정된 부분은 문장으로 셀 때 모두 15곳이며, 하나의 문장에서 두 개 이상의 표현이 바뀐 곳도 있다. 이 15개 문장의 변화는 작고 미세하다. 이를 표로 정리하여 하나씩 살펴보자(해당 쪽수는 각각 초판, 개정판/국역본의 순이다).

우선, 우리는 사라져 대치된 용어들을 구조주의적 계열과 현상학적 계열, 그리고 드물지만 마르크스주의적 계열로 나누어 볼 수 있다.

	63년 초판	72년 개정판
1	질병의 통사론적 재조직(197)	질병의 인식론적 재조직(199/310)
2	죽음이 의학적 경험의 구체적 **아 프리오리**a priori concret가 되었을 때(198)	죽음이 의학적 경험에 인식론적으로 통합되었을 때(200/312)
3	자신의 철폐에 의해서만 열리는 담론적 실존을(199)	자신의 파괴에 대한 참조에 의해서만 열리는 담론적 실존을(201/312)
3	의학적 사유 안으로의 죽음의 통합 (199)	의학적 사유 안으로의 죽음의 배치 (201/312)
4	횔덜린의 엠페도클레스로부터 차라투스트라, 프로이트적 인간에 이르는(199)	비샤의 시체로부터 프로이트적 인간에 이르는(201/312)
5	만질 수 있는 돌, 되돌아오는 시간, 말의 수풀 아래 존재하는 아름답고 순수한 대지를 고정시키는 것은 죽음이다(199)	(삭제, 201/312-313)
6	중요한 것은 단순히 방법론적인 것에 그치지 않으며 존재론적인데(199)	중요한 것은 단순히 방법론적인 것에 그치지 않는데(201/313)
7	유한성 구조 안에서 뒤집힘을 함축한다(199)	지식 안에서 유한성의 놀이가 뒤집힘을 함축한다(201/313)
8	철학적 조건으로서 기능하는(199)	철학적 내포로서 기능하는 (201/313-314)
9	근대인을 자신의 원초적 유한성과 연결시켜 주는 근본적 관계를 향한 최초의 쾌거(199)	근대인을 원초적 유한성과 연결시켜 주는 관계의 최초 설정들 중 하나(201/314)

10	이로부터, 인간과학이라는 전체적 건축물 내에서의 의학의 근본적 위치가 결정된다(199-200)	이로부터, 인간과학이라는 전체적 건축물 내에서의 의학의 결정적 위치가 결정된다(201/314)
10	이 위치는 인간학적 구조에 가깝다 (200)	이 위치는 인간학적 배치에 가깝다 (201/314)
11	이전의 수학적 사유만이 가졌던 철학적 밀도를(200)	아마도 이전의 수학적 사유에나 견줄 법한 철학적 밀도를(202/314)
12	의학적 사유가 인간의 철학적 지위 안으로 충만히 결합되었다(200)	의학적 사유가 인간의 철학적 지위를 충만히 부여했다(202/314)
13	유한성 형식들로의 회귀(200)	유한성 형식들의 드러남(202/314)
14	경험의 근본 구조 내에서의 변화(201)	지식의 근본 배치 내에서의 변화 (202/315)
15	그 토대 구조 내에서(201)	그 조건들의 체계 내에서(203/316)
15	지각된 것의 원초적 권력들(201)	지각된 것의 의미화 권력들(203/316)

① 먼저, 구조주의적 계열의 용어들은 다음의 용어들로 대치되었다. '구조'는 '배치' 또는 '체계', '놀이'로, '통사론적'은 '인식론적' 등으로 바뀐다. ② 다음으로, 현상학적 계열의 용어들은 다음처럼 바뀐다. '근본적인'이라는 용어는 (유지되는 몇몇 예외가 있기는 하지만) 기본적으로 삭제된다. '존재론적'이라는 용어 역

시 삭제된다. '원초적인'은 유지되거나 혹은 '의미화하는'으로 바뀐다. '회귀'는 '드러남' 정도로 완화되어 표현된다. ③ 마지막으로, '토대 구조'와 같은 마르크스주의적 용어는 '조건들의 체계'로 바뀐다.

요약하면, 결론 부분의 경우, 개정판은 초판의 구조주의적·현상학적·마르크스주의적 뉘앙스가 남아 있는 기존의 용어들을 걷어 내고, 이를 **담론 분석 방법론**의 용어들로 대치하고 있다.

3) 요약 — 시니피에로부터 담론으로

초판과 개정판 사이에 존재하는 이상의 논의를 간단히 요약해 보자. 서문과 결론을 중심으로 살펴본 『임상의학의 탄생』의 두 판본은 푸코 사유 방법론에 있어서의 중심 개념의 변화, 곧 **시니피에로부터 담론으로의 변화**를 단적으로 보여 준다. 푸코의 사후, 그의 글들을 모은 선집 『말과 글』 1권의 앞부분에 실려 있는 푸코의 「연대기」는 이러한 전환을 다음과 같이 간명한 언어로 정리한다.

"[1972년 3월] 구조주의적 해석을 초래할 수도 있는 단어, 개념, 표현들이 사라지고, 담론 형성작용의 분석에 대한 관심이 두드러지는 『임상의학의 탄생』의 개정판 발행"(*DEQ I*, 55).

3장
『임상의학의 탄생』 서문

　방금 살펴본 것처럼, 1972년의 개정판 『임상의학의 탄생』이 갖는 중요성은 무엇보다도 '시니피에/시니피앙'으로부터 '역사적 담론 형성작용의 분석'으로의 방법론적 이행과 전환을 보여준다는 점에 있다. 이를 1960-1970년대 푸코 저술 방법론의 변화라는 보다 넓은 시각으로 살펴보면, 우리는 다음과 같은 그림을 얻을 수 있다.[12]

---

[12] 이제까지의 논의에서 잘 밝혀진 것처럼, 이 1972년의 개정판은 푸코가 1963년 초판을 절판시키고 새롭게 수정·보완하여 확정한 '최종본'이라는 의미가 있다. 따라서 이하의 논의는 1972년판을 기준으로 하여 진행될 것이다. 마찬가지로, 이하 인용의 대부분은 초판과 개정판 사이에 차이가 없으므로 앞으로는 기본적으로 개정판의 쪽수만을 인용한다.

푸코는 1963년 4월에 『임상의학의 탄생』 초판을, 5월에 『레몽 루셀』을 연달아 출간한 이후, 1966년에는 『말과 사물: 인간 과학에 대한 하나의 고고학』을, 1969년에는 『지식의 고고학』을 출간한다. 푸코는 1970년에 콜레주 드 프랑스의 교수로 선출되는데, 같은 해 말에 있었던 취임강연을 이듬해에 출간한 것이 1971년의 『담론의 질서』이다.[13] 이 1970-1971년의 시기는 방법론의 측면에서 푸코가 급격한 전환을 겪은 시기인데, 그 대강은 **구조주의적 함축을 갖는 고고학**의 시기로부터 (향후 권력-지식 론으로 구체화되는) **니체적 계보학**의 시기로의 전환으로 정리될 수 있다. 또는, 이를 핵심 개념의 측면에서 정리하자면, **에피스테메**로부터 **언표**를 거쳐 최종적으로는 **담론**discours에 이르는 방법론적 전환이라 부를 수 있을 것이다. 마찬가지로 이는, 주제의 측면에서, **지식 혹은 진리의 축**으로부터 **권력의 축**으로의 전환이라 부를 수 있을 것이다.[14] 이 전환을 상징하는 두 개의 대표적

---

13 미셸 푸코, 『담론의 질서』, 이정우 옮김, 서강대학교출판부, 1998. 다음을 참조. 'Chronologie', *DEQ I*, pp. 13-90.

14 이 권력이라는 주제를 향한 전환은 이후 1975년의 『감시와 처벌』 및 1976년의 『성의 역사 1: 지식의 의지』에서 정점에 이르게 된다.

인 글이 1970년 말의 취임강연을 출간한 『담론의 질서』, 그리고 1971년의 논문 「니체, 계보학, 역사」이다.[15] 이처럼 『임상의학의 탄생』의 1963년 초판과 1972년 개정판 사이의 시기는 방법론적 강조점이 고고학으로부터 계보학으로 넘어가는 **방법론적 전환의 시기**이다. 달리 말해, 앞에서 우리가 살펴본 초판과 개정판 사이의 차이점이란 바로 이러한 방법론적 전환의 '구체적 내용'이라고 말할 수 있다.[16]

한편 우리는 『임상의학의 탄생』이라는 책의 궁극적 목표가 서구 근대의 시기에 등장한 새로운 의학, 곧 임상의학의 **탄생조건들**을 명확히 밝히고자 하는 것임을 쉽게 이해할 수 있다.

---

15 Michel Foucault, 'Nietzsche, la Généalogie, l'Histoire', *Hommage à Jean Hyppolite*, Paris: P.U.F., 1971, pp. 145-172; *DEQ I*, pp. 1004-1024; 미셸 푸코, 「니체, 계보학, 역사」, 이광래 옮김, 이광래, 『미셸 푸코: '狂氣의 역사'에서 '性의 역사'까지』, 민음사, 1989, 329-359쪽.

16 보다 구체적으로 초판과 개정판 사이에는 니체적 관점에서 이해되어야만 하는 담론에 대한 관심으로의 전환, 곧 『담론의 질서』로 대표되는 권력의 계보학으로의 전환이 놓여 있다. 이제 우리는 푸코에 의해 완전히 새롭게 쓰인 1972년의 개정판 『임상의학의 탄생』이 이른바 서구 근대 18세기 말-19세기 초에 있었던 의학 담론의 변화, 곧 임상의학 탄생의 역사적 조건들을 추적하는 고고학적, 나아가 계보학적 저작임을 알 수 있다(1972년의 개정판에서도 계보학적 연구 부분은 아직 본격적으로 드러나지 않지만, 기본적 지향은 이미 변화하였다).

이제 아래에서는 푸코가 말하는 '임상의학의 탄생 조건들'이 무엇인지를 책의 기술 순서를 따라 하나씩 구체적으로 살펴보도록 하자.[17]

임상의학의 탄생 조건들

1) 공간, 언어작용, 시선

책을 여는 '서문préface'의 첫머리는 이제는 너무도 유명해진 다음과 같은 푸코의 명제로 시작된다.

"이 책은 공간, 언어작용 및 죽음의 문제, 곧 시선의 문제를 다룬

---

17 앞서 말한 것처럼, 본문의 맨 앞에 등장하는 '서문'은 보통 책을 완성한 후에 쓰는 것(혹은 이미 쓴 경우라도 다시금 읽으며 보충하는 것)이 보통이며, 따라서 책을 가로지르는 저자의 일반적 문제의식과 입장이 나타나는 경우가 많다. 그리고 『임상의학의 탄생』의 '서문'이 바로 이런 경우에 해당하므로, 독자들은 책의 '서문'에 나타난 푸코의 문제의식을 정확히 이해해 두어야 할 필요가 있다. 푸코의 주된 입론(立論)은 이처럼 책의 '서론' 그리고 '결론' 부분에 집중되어 있으므로, 이하의 논의에서는 이들 부분의 이해에 집중하고자 한다. 모든 새로운 방법론의 효시를 이루는 작품들이 그러하듯, (1972년의 개정판 서문은 물론) '시니피에에 대한 구조적 분석'을 주된 방법론으로 삼는 1963년 『임상의학의 탄생』의 초판 서문마저도 사실은 대단히 선언적(宣言的)인 성격을 갖는다.

다"(v; 14).

공간, 언어작용, 죽음의 문제가 곧 시선의 문제라는 말은 무슨 말일까? 이 한마디를 이해하면 이 책을 다 이해했다고 말해도 좋을 것이다. 그러나 우리는 아직 이 문장의 이해를 위해서 푸코의 말을 면밀히 더 따라가 보아야 한다. 곧바로 이어지는 문장은 두 개의 인용문이다. 먼저 등장하는 것은 18세기 중반의 폼Pomme이라는 의사의 글(1769)이고, 다음으로 등장하는 것은 '그로부터 100년도 채 지나기 전에' 기술된 벨Bayle이라는 의사의 글(1825)이다. 두 글의 시간적 차이는 정확히 56년인데, 푸코의 주장은 56년의 차이를 두고 기록된 두 편의 의학적 보고서들 사이에 —고대의 히포크라테스Hippocrates of Kos(기원전 460?- 기원전 370?)와 갈레노스Aelius Galenus(129?-200?) 이래— '서양 의학 담론의 거대한 변화'가 일어났다는 것이다. 그런데 변화한 것은 어떤 구체적 관찰 결과 혹은 심지어 이론이 아니다. 변화한 것은 이러한 개별 관찰 결과, 이론, 인식을 가능케 해 주는 **지식의 장** 자체, 곧 **인식론적 배치** 자체이다. 이를 이해하기 위해서는 푸코가 제시한 두 편의 글을 보다 꼼꼼히 살펴보아야 한다.

첫 번째 인용은 1769년 프랑스 리옹의 의사 폼이 적어 내려
간 글이다. 폼은 한 여성 히스테리 환자에게 '10개월 내내 하루
에 10-12시간 정도의 목욕'을 시키며 다음과 같은 관찰을 하였
다. '신경 체계의 건조 및 그에 수반되었던 열'을 치료하기 위한
이 요법의 막바지에서, 폼은 "젖은 양피지 조각들처럼 보이는
막의 부분들이 … 가벼운 통증을 수반하며 떨어져 나와 매일
소변으로 배출되고, 이어서 오른쪽 요관尿管이 벗겨져 전체가
같은 경로로 배출되는 것"을 보았다. 같은 현상이 "또 다른 경
우, 우리가 직장直腸을 통해 나오는 것을 관찰한 내부 피막으로
부터 떨어져 나오는 내장內腸"에서도 일어났으며, "이어서 식도,
동맥 기관 및 혀 역시 떨어져 나왔다. 환자는 우리에게 때로는
구토, 때로는 가래를 통해 다양한 조각들을 내뱉었다"(v; 14).[18]

두 번째 인용은 그로부터 56년 후인 1825년 역시 프랑스의
의사 벨이 파리에서 출간한 저작에 실린 글이다. 이 글은 벨이
'어떻게 뇌와 뇌막의 해부학적 상해를 지각하게 되었는지'를 보

---

[18] P. Pomme, *Traité des affections vaporeuses des deux sexes*, t. I, 1769(4e éd.), pp. 60-
65.

여 준다. 문제가 되는 것은 우리가 '만성 뇌막염'에 걸린 환자들에게서 자주 발견하곤 하는 '잘못된 막'이다.

"뇌경막의 거미줄막 층層에 붙어 있는 [이 잘못된 막의] 외부 표피는, 때로는 느슨하게 붙어 있어 쉽게 떼어 낼 수 있지만, 때로는 견고하고 밀접하게 붙어 있어서 이 경우에는 떼어 내기가 매우 어렵다. 이 내부 표피는 아무런 결합 없이 거미줄막에 단지 연이어 있을 뿐이다. … 잘못된 막은 종종 투명하게 보이는데, 특히 그 막이 매우 얇을 경우 더욱더 그렇다. 그러나 보통 이 막은 희끄무레하거나, 회색, 붉은색, 또 드물게는 노란색, 갈색과 흑색에 가까운 색을 띤다. 재질은 같은 막이라도 부위에 따라 자주 상이한 차이를 보여 준다. 생성물의 두께 또한 매우 다양한데, 때로는 거미줄에 비교될 수 있을 만큼 얇다. … 잘못된 막의 조직 역시 매우 다양한 차이를 보여 준다. 얇은 막은 마치 달걀의 단백질을 함유한 막처럼 보이기도 하는데, 이 막은 어떤 고유한 차별적 구조도 갖지 않는 얇은 담황막淡黃膜으로 덮여 있다. 또 다른 종류의 막은 자주 표면의 일부에 다양한 방향으로 얽혀 있는 충혈된 림프관의 흔적을 보여 준다. 이 막들은 종종, 상당수의 경우, 그

틈새에 다소 탈색된 혈전들이 중첩되어 있는 겹쳐진 얇은 막들로 변형되기도 한다"(v–vi; 14–15).[19]

무엇이 달라진 것일까? 서구 근대 의학사에 정통한 사람이 아니라면, 이상의 두 인용만을 가지고 양자 사이의 차이를 가늠하기는 사실상 쉽지 않다. 푸코의 설명을 따라가 보자.

우선, 중요한 것은 이 두 글이 작성된 시기가 정확히 1769년, 그리고 1825년이라는 사실이다. 일견 평범해 보이는 이 두 연대는, 1961년의 전작 『광기의 역사』에서 기본적 구분이 제시되어 1966년의 『말과 사물』에서 엄정한 형태로 확립, 강조되는 **푸코 특유의 시대 구분**에 따르면 매우 중요한 의미를 갖는다. '한 시대의 인식을 가능케 하는 인식론적 장'으로서의 **에피스테메**의 변화·단절이라는 관점에서, 푸코는 자신이 속한 문화인 유럽의 경우 대략 1500년 이후 자신이 글을 쓰고 있는 1960년까지의 역사를 두 개의 단절에 입각하여 기술한다. 두 개의 단절

---

19 A. L. J. Bayle, *Nouvelle doctrine des maladies mentales*, Paris: Gabon, 1825, pp. 23-24. 한편 국역본 각주에는 출판 연도가 1820년으로 되어 있으나 이는 1825년의 오기(誤記)이다.

이 있으므로 세 개의 시기가 생겨나는데, 푸코는 1500년 이후 1650년경까지를 르네상스로, 1650년 이후로 1800년경까지를 고전주의로, 1800년 이후를 근대로 지칭한다. 물론 역사가 어느 한 해를 기점으로 딱 잘라서 이렇게 모든 것이 한꺼번에 바뀌는 경우는 없을 것이므로, 푸코는 각 시기에 앞뒤로 약 25년, 곧 50년 정도의 여유를 준다. 1650년은 대략 1625-1675년 정도, 1800년은 1775-1825년 정도가 되는 것이다. 이를 도표화하면 대략 다음과 같다.[20]

	르네상스	고전주의	근대
시기	1500-1650	1650-1800	1800-1950
	16세기 초-17세기 중반	17세기 중후반-19세기 초	19세기 초-20세기 중반
에피스테메	유사성	표상작용	역사

　푸코 고유의 이러한 시대 구분에 따르면, 폼의 글이 작성된

20　보다 자세한 것은 세창미디어에서 나온 나의 『미셸 푸코의 《광기의 역사》 읽기』 (2018)와 『미셸 푸코의 《지식의 고고학》 읽기』(2016)를 참조하면 된다.

1769년과 벨의 글이 작성된 1825년은 연대기적으로는 56년밖에 차이가 나지 않지만, 이 56년은 고전주의와 근대를 가르는 중요한 시기에 걸쳐 있다. 따라서 1769년에 작성된 폼의 기술은 **고전주의**의 시기에, 1825년에 작성된 벨의 글은 **근대**의 시기에 속한다. 그리고 푸코는 이 '18세기 말-19세기 초'에 일어난 변화를 고대 히포크라테스와 갈레노스 이후 최대의 변화, 보다 정확히는 고대 히포크라테스와 갈레노스의 변화를 능가하는 서양의학 담론의 역사에 나타난 최대의 변화, **결정적인** 변화라고 본다. 그리고 푸코에 따르면, 이 결정적인 변화의 내용이 바로 **임상의학의 탄생**이다.

여기서 중요한 것은 '18세기 말-19세기 초'라고 하는 표현인데, 각 시기마다 에피스테메의 변화에 따른 전면적 변화를 주장하는 푸코에게 이 18세기 말-19세기 초는 '여전히 우리가 벗어나지 못한' 근대의 기본적 인식론적 배치가 확립된 시기이다. **근대는 오늘의 우리, 곧 현대를 낳은 시기이다. 따라서 현대를 이해하고자 하는 이는 근대를 이해해야 한다.** 그리고 근대는 고전주의의 파괴에 의해서만 탄생한다.[21] 따라서 폼과 벨 사이에 놓인 차이는 작지만 거대하다. 푸코는 이렇게 적는다.

"신경병리학에 관한 낡은 신화의 마지막 형식을 띠는 폼의 텍스트와 우리가 여전히 벗어나지 못한 시대에 입각하여 전신성 마비에 따른 뇌손상을 묘사하고 있는 벨의 텍스트 사이의 차이는 미세하면서도, 전면적이다. 양적 정확성에 입각하여 사용된 벨의 용어들이 우리의 시선을 항구적 가시성의 세계로 인도하는 반면, 폼의 텍스트는 우리에게 어떤 지각적 근거도 없이 환상의 언어만을 말하고 있기 때문에, 이 차이는 전면적이다"(vi; 15).

폼과 벨 사이의 이 '미세하지만, 전면적인' 차이는 의학적 지

---

21 한편, 이러한 푸코의 시기 구분이 갖는 다양한 함의를 이해하기 위해서는 푸코의 시기 구분이 1500년 이래 거의 정확히 '150년 주기를 따라' 변화하고 있다는 사실을 이해해야 한다. 1800년경에 확립된 근대는 1950년, 곧 1925-1975년 사이에 종료되었거나 종료될 것이다. 그리고 푸코가 자신의 저작들, 곧 『광기의 역사』, 『임상의학의 탄생』, 『말과 사물』을 쓴 것은 각기 1961년, 1963년, 1966년이다. 따라서 푸코는 근대를 옹호하기 위해서가 아니라, 근대를 끝내기 위해 자신의 책을 쓴다. 마치 '아직 자신이 죽은 줄 모르는' 니체의 신처럼, 근대는 자신이 죽었다는 사실을 이해하지 못하고 있다. 근대가 끝나야 이 시대, 동시대, 곧 현대가 온다. 고전주의적 재현작용의 논리와 자유주의는 물론 사회주의를 포함한 근대 '인간학' 모두를 파괴하려는 푸코의 책들은 사실상 근대의 죽음을 알리기 위한 조종(弔鐘)이다. 푸코가 여러 인터뷰에서 동시대 마르크스주의로부터 격렬한 반발을 불러온 『말과 사물』은 물론, 이전의 『광기의 역사』와 『임상의학의 탄생』이 자신에게는 명백한 '정치적' 의미를 갖는 책들이었다고 말하는 것은 바로 이런 의미이다.

식의 진보, 과학의 진보를 증언하는 상징적 사례일까? 아마 그럴지도 모른다. 그러나 바로 이어지는 문장에서 푸코는 이렇게 묻는다.

"그러나 어떤 근본 경험이 스스로 출현하고 또 정당화되는 우리의 확실성 안에서 이러한 분할의 확립을 가능케 하는 것일까? 18세기의 의사는 자신이 보는 것을 보지 못했지만, 환상적 형상들이 사라지고 해방된 공간이 사물의 명백한 분할을 우리의 눈앞에 드러내기까지는 단지 몇십 년으로 충분하다는 것을 누가 우리에게 보장해 줄 수 있는가?"(vi; 15)

푸코에 따르면, 이에 대한 대답은 의학적 인식의 정신분석도, 상상적 투자의 다소간 우연적인 단절도 아니다. '실증' 의학은 결코 드디어 객관성 자체에 도달한 '대상적' 선택을 행한 적이 없다. 왜냐하면, 이전 시대가 보여 주었던 환상적 공간의 힘이 여전히 존재하고 있었고, 이제 이러한 환상적 공간의 힘은 다만 인식의 양식이라기보다는 인식 대상의 세계를 규정해 주는 주관적 징후의 영역에 의해 대체되었을 뿐이었다. 마찬가지로,

지식과 통증의 연관관계는 파괴되기는커녕 오히려 보다 복잡한 방식으로 다시금 확증되었다. 통증의 형상 역시 중립적 인식의 이름 아래 반박된 적이 결코 없으며, 다만 육체와 시선이 교차하는 공간 속에서 다른 방식으로 재분배되었을 뿐이다(vi-vii; 15-16). 푸코에 따르면, 폼과 벨 사이의 의학적 인식에서 변화한 것은 어떤 개별적인 특정 단어, 개념, 내용 또는 특정 이론이 아니다. 그렇다면, 무엇이 변화한 것일까?

> "변화한 것은 언어작용-langage이 기반하는 말 되어지지 않은 배치 configuration sourde, 말하는 것과 우리가 말하는 것 사이에 존재하는 태도와 상황의 관계이다"(vii; 16. 인용자 강조).

변화한 것은 개별 인식을 가능하게 만드는 지식의 배치 자체, 담론의 장 자체이다. 푸코는 이어지는 단락에서 이 책 전체의 **문제의식**을 다음과 같은 몇 개의 구체적인 질문들로 정리한다.

> "언어작용 자체에 대해 말해 본다면, 우리는 어떤 순간부터, 어떤 의미론적 통사론적 변형을 거칠 때, 그것을 합리적인 담론으로

인식하게 되는가? 따라서 막膜을 '물기에 젖은 양피지 조각'으로 그려 내는 묘사와 뇌 피막 위에 펼쳐진 달걀 흰자위와 같은 얇은 막으로 그려 내는 —결코 덜 양적이지도 덜 은유적이지도 않은— 묘사의 사이에는 어떤 결정적 선線이 그어질 수 있는가? 벨의 '희 끄무레한' 그리고 '불그스레한' 얇은 막들은, 과학적 담론으로서, 18세기 의사들에 의해 묘사된 각질화된 박막보다 더 확고한 객 관성과 견고함, 상이한 가치를 갖는가? 조금 더 미세한 시선, 사 물 위에 보다 잘 확립된 보다 완만한 구어적 도정道程, 때로는 조 금 혼동되어 있으며 세심한 형용사들로 점철된 가치란 단지 사물 및 그 형식의 회백질을 앞에 두고 갈레노스의 의학 이래 펼쳐진 질적 평면에서 나타난 의학적 언어작용 내에서 일어나는 특정 스 타일의 증식增殖에 불과하지 않은가?"(vii; 16)

결국 푸코는 고전주의 시대의 폼과 근대의 벨의 차이가 **의학 적 진보**가 아니라, 단지 사물을 바라보는 **관점의 변화**일 수도 있 음을 말하고 있는 것이다. 자연과학의 역사는 '자연' 그 자체의 역사가 아니라, 자연을 바라보는 우리 '관념'의 역사이다. 그러 나 푸코는 여하한 경우이든 18세기 말–19세기 초에 서양의학의 역사, 보다 정확히는 서양의학 **담론**의 역사에 거대한 변화가 일어났음을 긍정하고 있다. 의학사의 '근대'가 열린 것이다.

"담론의 변화를 그 생성의 순간에서 포착하기 위해서, 우리는 의심의 여지 없이 주제에 관련된 내용 혹은 논리적 양상 너머의 것을 질문해야 하고, '사물'과 '말'이 아직 분리되지 않은 이 영역, 곧 보는 방식과 말하는 방식이 언어작용의 질서를 따라 아직 서로에게 귀속되어 있는 이 영역에 호소해야만 한다. 우리는 가시적인 것과 비가시적인 것 사이에 존재하는 최초의 분배에 대해 물음을 던져야 하는데, 이는 이러한 분배가 언표되는 것과 침묵에 의해 남겨지는 것 사이의 분할에 연결되어 있기 때문이다. 그리고 이를 통해 의학적 언어작용과 대상 사이의 분절이 자신의 고유한 모습을 드러내게 될 것이다"(vii; 17).

공간, 언어작용, 죽음의 문제가 시선의 문제이다. 이 인용에는 영역, 언어작용이 등장하는 반면 죽음은 등장하지 않았고, 시선을 의미하는 보는 방식과 말하는 방식이 등장한다. 우선 이곳에 등장하는 영역은, 공간이 훨씬 포괄적인 개념이기는 하지만, 크게 보아 공간이라는 말로 대체할 수 있는 표현이다. 언어작용은 그대로 언어작용이다. 다음에 등장하는 **보는**voir/**말하는**dire 방식은 서로에 대해 평행하는 일종의 쌍둥이 구조, 서로에 대한 이중의 구조를 가지면서, 특정 방식의 분절, 접힘/펼쳐짐을 생산한다. 보는/말하는 방식이 **시선**regard/**담론**discours, 곧 보는 방식, 말하는 방식 모두에 관여하는 **관점**이다.

2) 보기/말하기, 또는 시선/언어작용의 쌍

이제 중요한 것은 '지각된 것에 대해 말해진 구조'이고, '언어작용이 그 부피와 척도를 갖게 되는 이 **텅 빈 꽉 찬** 공간espace plein au creux'이다(vii; 17). 따라서 "우리는 의사들이 사물의 독을 품은 심장을 향해 던지는 이토록 수다스러운 시선을 탄생시키고 또 모아들였던 병리학적인 것의 근본적 **언어화**verbalisation와 **공간화**spatialisation의 수준에서, 최종적으로, 스스로의 지위를 확정하고 이를 유지해야 한다"(vii-viii; 17).

위 인용의 구조와 공간은 같은 말이다. 구조는 늘 기본적으로 시간적이라기보다는 공간적인 함축을 갖는 것으로 가정되어 왔다. 모든 구조는 자신의 공간, 보다 정확히는 특정한 공간적 배치를 갖는다. 따라서, 모든 구조는 늘 언어작용이 자신의 부피와 척도를 갖게 되는 공간, 곧 언어작용이 구체적인 모습 아래 펼쳐지는 특정 공간이다. 공간이 특정 공간이라는 말은 모든 공간이 (이 경우) 늘 의사들에 의해 특정 방식으로 '보이는/말해지는' 공간이라는 의미이다. 결국, 특정 방식으로(만) '보이는/말해지는' 모든 공간은 필연적으로 특정 방식의 '공간화/언어화'를 낳는다. 그리고 의학의 영역에서 이 특정 방식의 공간화/언어화는 18세기 말-19세기 초의 서양에서 새로운 의학을 낳는데, 이것이 '근대 의학'이다.

> "근대 의학은 18세기의 마지막 몇 년을 자신의 탄생 시기로 확립한다"(viii; 17).

18세기 말에 탄생한 이 근대 의학이 '임상의학'이다. 그리고 이 임상의학의 **인식론적 탄생 조건**conditions épistémologiques을 밝히는 것이 『임상의학의 탄생』이라는 책의 목표이다. 푸코의 논의는 다음처럼 이어진다.

"근대 의학이 스스로를 성찰하기 시작할 때, 근대 의학은 자기 실증성의 기원을, 모든 이론을 넘어선, 지각된 것의 효과적인 소박함을 향한 회귀와 동일시하게 된다. 사실, 이 새롭게 설정된 경험주의는 가시적인 것의 절대적 가치에 대한 재발견, 또는 체계와 그 환영들에 대한 단호한 포기가 아니라, 드러나 있으면서도 비밀스러운 이 공간의 재조직화réorganisation에 의지하고 있다. 그러나 이 초기 임상의학자들의 시선 아래 드러난 사물과 색의 살아 있는 광채, 의학적 지각작용의 갱신은 신화가 아니다. 19세기 초의 의사들은 이전까지 수 세기 동안 가시적인 것과 언표 가능한 것의 문턱 아래에 남겨져 있던 것에 대해 묘사하기 시작했다. 그러나 이는 그들이 너무나도 오랫동안 사변적으로만 사유되어 왔던 것을 드디어 지각했거나, 또는 이제는 상상을 넘어 이성의 소리를 더 잘 듣게 되었기 때문이 아니다. 이는 모든 구체적 지식에 필수 불가결한 가시적인 것과 비가시적인 것 사이의 관계가 구조적으로 변화했기 때문이며, 이를 통해, 새로운 시선 아래 그리고 새로운 언어작용 안에서, 자신들의 영역 아래에 또는 영역을 넘어서 남겨져 있던 무엇인가를 드러나게 만들었기 때문이다. 보기와 말하기를 통해, 말과 사물 사이의 새로운 연대가 이어졌다. 그리고 때로 말과 사물 사이의 이 새로운 연대는, 마치 드디어 밝아 온 아침의 시선을 향한 회귀이기라도 한 것처럼, 합리성의 보다 태곳적 수준에 위치하는 것처럼 보일 정도의 참으로 '소박한' 담론 안에서 이루어졌다"(viii; 17-18. '재조직화'는 인용자 강조).

18세기 말-19세기 초에, 서양의학이라는 '시선/담론'의 공간 안에서 이전과는 다른 공간의 재배치 · 재조직화가 이루어졌다. 의학의 영역에서 '말과 사물'이 새로운 방식으로 결합되면서, 새로운 '사물의 질서'가 형성되었다. 임상의학이 탄생한 것이다. 이어지는 문장을 읽어 보자.

"1764년 메켈Johann Friedrich Meckel the Elder[1724-1774]은 (뇌출혈, 광기, 폐결핵 등과 같은) 몇몇 감염 사례에 관련된 뇌손상을 연구하고자 했다. 메켈은 어떤 질병에서 뇌의 어떤 부분이 충혈되거나 건조되었는가를 확정하기 위해 동일한 부피를 가진 다른 뇌의 무게를 측정 · 비교하는 합리적 방법을 사용했다. 근대 의학은 이런 연구와 거의 전혀 상관이 없다. 뇌의 병리학은 비샤Marie François Xavier Bichat[1771-1802], 그리고 특히 레카미에Joseph Récamier

[1774-1852]와 랄르망Claude François Lallemand[1790-1854]이 끝부분
이 얇고 넓은 표면으로 된 저 유명한 '망치'를 사용했을 때, 그 최
초의 '실증적' 형식이 확립되었다. … 두개골을 파열하여 얻은 손
[手]작업의 날렵함이 균형의 과학적 정밀성을 대체했다"(viii-ix;
18-19).

메켈이 활동하던 1764년, 곧 18세기 중반은 여전히 고전주의
시대이며, 비샤와 레카미에, 랄르망은 이미 18세기 후반, 근대
가 시작된 시기의 인물이다(실은 이들에 의해 해부임상학, 곧 의학의
근대가 시작되었지만). 의학의 근대, 임상의학의 '과학성'은 겉보기
처럼 그렇게 자명한 것이 아니다.[22] 근대 서양의학, 곧 임상의학

---

22 새로운 진리(이 경우엔 과학성)가 확립되는 과정이란 기존의 진리를 낡은 진리, 곧 더
이상 진리가 아닌 것, 달리 말해 오류로 설정하는 과정과 동일한 하나의 과정이다.
푸코의 주장은, 이 경우, 사실상 '차이'에 불과한 것이 '우열'로서 인식된다는 것이다. 이
러한 푸코의 주장은 실로 논쟁적 · 문제적(problématique)이다. 의학의 역사는 의학적
지식에 관련된 진보의 역사가 정말 아닐까? 의학 관련 기기의 발전이 보여 주듯이,
기술적 측면은 분명히 진보한다. 그러나 과학은 어떨까? 과학이 정말 진보하지 않
을까? 서양의 경우 고전주의 의학과 근대 의학은 단지 관점의 차이에 불과할까? 아
니면, 실제로 어떤 진전이 있을까? 이러한 서양이라는 공간 내에서의 시대적 차이
를 동시대의 문화들 사이의 차이로 바꾸면 어떻게 될까? 서양의학은 한의학의 진보
된 형태일까? 아니면 양자는 단지 서로 다른 의학의 여러 형태들일까? 그렇다면 '의

의 '과학성'을 그리는 푸코의 묘사는 다음처럼 이어진다.

"이제 두개골을 절단하는 수작업의 날렵함이 균형 잡힌 과학적 정확성을 대체했다. 그리고 비샤 이래로, 우리[유럽]의 과학이 스스로의 과학성을 인식하게 된 것은 바로 이러한 작업 안에서이다. 질적인 것에 의해 인도되는 기본 틀과 함께, 시선에 대하여 구체적 사물의 풍부함을 열어 주는 한없이 정확한 손짓이야말로 우리에게 양적인 것에 관련되는 도구적 매개보다 훨씬 더 과학적인 객관성을 확립해 주는 것이다. 의학적 합리성의 형식은 지각 작용의 놀라운 풍부함 속에서, 사물의 씨앗과 그 색깔, 색채, 단단함, 유착癒着을, 마치 진리의 첫 번째 모습처럼, 제공함으로써

학'이라는 보편자는 존재하는가? 양자는 아예 다른 의학의 정의(定義)를 갖고 있는 것이 아닐까? 양자의 사이에는 실로 세계와 인체를 바라보는 관점의 차이만이 존재하고 의학적 우열이 존재하지 않을까? 이와 같은 문제는 비교되는 두 개 이상의 각 항들을 가로지르는 불변의 기준이 존재한다면 쉽게 해결될 것이다. 그러나 이러한 '불변의' 곧 '문화와 시간을 넘어서는' 보편적 기준은 어떻게 누가 어떤 기준으로 정할 수 있는 것일까? 푸코의 주요 주장 중 하나는 보편성 개념 자체가 전혀 보편적이지 않으며, 오직 특정 시대와 공간 속에서 생산되고 유통되는 문화 구속적, 문화·역사 내재적 개념이라는 것이다. 푸코에게 문제제기(problématisation)가 곧 이의제기(contestation)인 만큼이나, 이는 실로 문제적인 문제제기·이의제기이다. 문제는 (루카치가 말하듯) 리얼리즘인 만큼이나, 문제는 문제의식이다.

강화된다. 이제 경험의 공간은 오직 가시적인 내용이라는 증거를 향해서만 열려 있는 이 경험적 주의注意의 영역, 세심한 시선의 영역과 동일시되는 것처럼 보인다. 눈은 이제 명료함의 원천이자 위탁자가 되었다. 눈은 이제 자신이 하나의 진리를 드러내는 한에서 이 특정의 진리를 드러낼 수 있는 능력을 갖는다. 눈은 스스로 열리면서, 원초적 열림의 진리를 연다. 이는, 고전주의적 명석함의 세계 이래, '계몽'으로부터 19세기로의 이행을 가리키는 굴절이다"(viii; 19).

푸코에게 17세기 중반부터 18세기 중반까지를 포괄하는 것으로 이해되는 '고전주의'에 속하는 데카르트René Descartes(1596-1650)와 말브랑슈Nicolas Malebranche(1638-1715)에게 있어, 본다는 것은 곧 지각하는 것이었다. 고전주의에서 주어진 사물에 대한 관찰은 투명성을 지향했다. 18세기 말, 곧 근대가 되면, 본다는 것은 이제 경험으로 하여금 (자기 자신의 위로 닫힌 사물의 견고함, 어두움, 밀도 등과 같은) 자신의 가장 큰 육체적 불투명성을 직면하게 하는 것이 된다. 고전주의의 시기에, 모든 특정 시선의 배후에는 빛이 존재하는 것으로 가정된다. 이 빛은 유한한 개별 시선을 가능하게 만들어 주는 조건으로서의 무한이다. 그러나 근대가 되면 이러한 무한한 빛은 사라지고, 모든 특정 시선을 가능케 해 주는 것은 오히려 볼 수 없음, 알 수 없음, 어두움, 불투명성이 된다. 이는 고전주의 시대에 부정적 **한계**limite négative로 인식되었던 것으로, 근대가 되면 이러한 한계는 이제 실증적(긍정적) **조건**condition positive으로서 인식된다.

그리고 이러한 전환은 고전주의에서 근대로 넘어가는 결정적 한 걸음이 된다. 이는 언어작용의 측면에서 극적으로 드러나는데, 고전주의 시대까지는 불완전한 것, 결여된 것으로 가정되던 유한이 오히려 모든 개별 인식의 **가능 조건**condition de possibilité으로서 이해된다.

"단순히 역사적 또는 감성적 질서에 그치지 않았던 특정 지식을 개체와 관련하여 의심의 여지 없이 정당화해 주는 것은 오직 사물의 이러한 언어작용일 뿐이다. 개체를 정의하는 작업이 무한한 작업이어야 한다는 사실은 이제 더 이상, 자신의 한계를 받아들임으로써, 자신의 과업을 무한 속으로 확장하는 이 새로운 경험에 장애물이 아니었다. 고유의 성질, 보이지 않는 색깔, 특이한 이행적 형식은 이제 대상으로서의 지위를 받아들임으로써 자신의 무게와 견고함을 획득했다. 이제는 어떤 빛도 이들을 이상적 진리 안에서 해체할 수 없게 되리라. 오히려 이제 시선의 적용은 이들을 깨워 이들을 객관성의 기초 위에서 평가하게 될 것이다. 시선은 더 이상 축소하는 것이 아니라, 자신의 환원 불가능한 성질 안에서 개체의 기초로서 작용하게 될 것이다. 그리고 이를 통하여 시선은 자신의 주위에 합리적 언어작용을 구축할 수 있게 된다. 담론의 대상objet은 물론 동시에, 객관성의 형상에 대한 변형 없이도, 하나의 주체sujet가 될 수 있다. 임상의학적 경험의 가능성을 연 것은 낡은 체계 또는 이론의 포기라기보다는 이러한 형식적이고도 심층적인 재구성이었다. 그리고 이러한 재구성은 아리스토텔레스적인 오랜 금지를 제거했고, 우리는 드디어 과학적으로 구조화된 담론을 개체에 대하여 드리울 수 있게 되었다"(x; 20-21).

한계가 없는 무한이 지배하던 이전의 고전주의적 세계관에서 유한은 결여된 것, 열등한 것으로 여겨졌다. 그러나 18세기 말 칸트Immanuel Kant(1724-1804)의 철학은 이처럼 열등한 것, 부정적인 것으로 여겨지던 유한을 인식을 가능하게 만들어 주는 것, 긍정적인 것, 실증적인 것으로서 새롭게 바라본다. 이제 오직 유한과 유한성에 의해서만 인식이 가능하다. 칸트에게, 그 자체로 한계 지어지지 않은 것으로 이해되는 무한은 이제 근본적으로 인식될 수 없는 것, 곧 물자체物自體, Ding an sich의 세계에 속하게 되고, 이 물자체 세계는 인간의 인식이 가닿을 수 없는 근본적 무지의 영역으로 간주된다. 칸트의 인식론이 다른 어떤 이름이 아니라 **불가지론**不可知論이라 불리는 것은 바로 이런 이유이다. 물자체의 세계는 인간이 알지 않는don't know 것이 아니라, 알 수 없는can't know 것이다. 인간에게는 물자체의 세계를 이해할 **능력**이 없다. 따라서 이는 인간적 지식의 바깥으로 밀려나고 남는 것은 오직 유한의 세계이다. 칸트의 이러한 전환을 푸코는 **유한성의 분석학**analytique de la finitude이라 부르는데, 이 유한성의 분석학이야말로 3년 후인 1966년에 발간될 『말과 사물』의 '근대'를 가로지르는 가장 중요한 주제, 근본 주제이다.

푸코에 따르면, 이러한 고전주의로부터 근대로의 전환이 철학의 영역에서 칸트에 의해 일어났다면, 의학의 영역에서는 비샤와 레카미에, 랄르망에 의해 일어났다(이들 모두의 활동 시기는 정확히 18세기 말-19세기 초이다). 이는 이전의 '투명한 것'으로 가정되던 세계와 인간의 신체가 이들에 의해 불투명한 것으로 재설정되었기 때문이다. 무엇인가가 '투명하다'는 것은 그것이 '인식 가능한 것'임을 의미한다. 그러나 이제 그것이 '불투명하게' 되었다는 것은 그것이 더 이상 인식 가능한 것의 영역에 속하지 않음을 의미한다. 따라서 인간의 인식을 무한에 직접 도달할 수 있는 것으로 가정했던 고전주의적 인식은 이제 불가능한 것이 되어 버린다. 지역과 문화에 무관하게 무시간적이며 변화 없는 '본질'의 영역에 대한 고전주의적 이해란 사실은 본질의 **발견**과 동일한 것이었다. "나는 가설을 만들지 않는다hypotheses non fingo"라는 뉴턴의 말이 잘 보여 주는 것처럼, 이런 의미에서 신이 세계에 부여한 법칙을 '있는 그대로' 이해할 수 있다고 믿었던 고전주의적 인간은 사실상의 '신'이 된다. 근대는 이러한 무한에 대한 직접적 인식을 불가능한 것이라 선언하므로, 인식은 이제 도달 가능한 유한한 영역 안에서의 인간의 **구성물**이 된다. 달리 말하면, 이제 무엇인가가 인식되기 위해서는 그것이 이미 한계 지어져 있어야 한다. 유한성이 인식의 가능 조건이다. 이제 인식의 주체이자 대상인 존재는 다름 아닌 인간이다.

근대인이란 주체인 **동시에** 대상인 인간, '주체/대상'인 인간이다. 이렇게 한계 지어진 '인간'은 이미 보통명사가 아니라, 하나의 고유명사이다.[23]

비샤를 비롯한 서양 근대 의학자들, 곧 근대 임상의학자들은 바로 이러한 인식의 한계를 '인간'의 신체에 대해 설정한 인물들이다. 이 한계 지어진 신체가 '개체'이다. 이제 연구의 대상은 무시간적이고 보편적인 지식으로서의 아리스토텔레스적 인간의 신체 일반(무한)이 아니라, 한계 지어진 신체, 곧 개체(유한)이다. 근대 의학이란 이 **개체**에 대한 임상적 해부에 기초한 의학이다. 이는 달리 말해 원리와 이론이 앞서던 아리스토텔레스, 히포크라테스, 갈레노스 이래의 서양 '이론의학'에 대한 **임상의학**의 독립선언이다. 임상은 아리스토텔레스적인 우월한 의학 이론의 응용이나 적용, 또는 열등한 실천이 아니다(플라톤과 마찬가지로, 아리스토텔레스에게서도 역시 실천은 본질적으로 이론보다 열등

---

23 따라서 푸코에게 '근대 인간'이란 표현은 동어반복에 불과하다. '인간'은 오직 칸트에 의해 근대에 탄생한 존재이기 때문이다. 『말과 사물』의 푸코는 이처럼 주체인 동시에 대상이 되는 근대적 인간을 '경험적-초월적 이중체'라고 부른다. 이것이 푸코가 근대의 에피스테메를 '역사'이자 '인간'이라고 부른 이유이다.

한 것으로서 설정되어 있다). 그러나 의학의 본질은 이론이 아니라, 오히려 임상이다! 임상이 의학을 구성하는 실내용이다. 이론을 적용하여 낫지 않는 환자가 결코 문제일 수는 없다. 문제인 것, 수정되어야 할 것은 낫지 않는 환자가 아니라, 오히려 이 환자를 고치지 못하는 이론이다.

"임상의학적 경험, 서양의 역사에서는 최초로 구체적 개체를 합리성의 언어작용을 향하도록 만드는 이 열림, 인간을 자기 자신과 연결시키는 동시에 언어작용을 사물들에 연결시키는 이 주요한 사건은 즉시 하나의 얼굴과 하나의 시선, 말 없는 육체와 눈길 사이의, 개념이 개입되지 않은, 단순한 만남인 동시에, 모든 담론에 앞서는 선결 조건이자, 살아 있는 두 개체들을 공통적이기는 하지만 상호적이지는 않은 특정 상황 속에 '가두어 버리는' 언어작용의 방해로부터 자유로운 일종의 접촉으로서 간주되었다"(xi; 21).

고전주의 의학은 특별한 연관성도 없이 두 명의 다른 환자들을 하나의 범주 안에 묶어 놓았다. 그러나 서구 근대 '정신의학'

의 탄생 조건이 **종교적-도덕적 죄책감과 의학의 결합**이라는 주장
을 펼친『광기의 역사』의 저자는 이러한 개체에 대한 의학의 논
리에서 '(정신과 육체를 막론한) 모든 서구 근대 의학의 비밀'이라
할 **의사-환자의 쌍**couple médecin-malade, 곧 건강한 사람-불건강한
사람, 정상인-비정상인의 쌍을 읽어 낸다.

"오늘 우리의 동시대인들은 개인에 대한 이러한 접근에서 '독특
한 대화[密談]colloque singulier'의 확립과 인간에 대한 연민만큼이
나 오래된 의학적 휴머니즘의 가장 집중된 형성 과정을 읽어 낸
다"(x-xi; 21).

푸코에 따르면, 서양의학사 최초의 '개체' 의학이라 할 이 새
로운 임상의학은 이전과는 전혀 다른 방식으로 환자들의 질병
에 접근한다. 수르니아는『진단의 논리와 도덕』에서 이 새로운
방식을 이렇게 정리한다.

"우리 환자들 각각에게 환자와 환자의 질병에 꼭 맞는 처방을 제
시할 수 있으려면, 우리는 각각의 케이스에 대해 객관적이고 완

전한 관념을 갖고자 노력해야 하며, 우리가 환자에 대해 축적해야 할 사항의 전체를 각각의 환자에게 할당된 고유한 서류 파일('소견') 안에 모아 두어야 한다. 우리는 마치 실험실의 실험을 관찰하듯이 또는 천체를 관찰하듯이 '환자를 진찰한다'"(xi; 22).[24]

3) 구체적 '아 프리오리', 또는 인식론적 장場

한편 임상의학의 '이전 시대와는 전혀 다른' 이런 새로운 경험의 구성은 임상의학 고유의 작업 영역과 합리성 구조에 대한 재설정과 동시적·상관적이다. 푸코는 이를 구체적 **아 프리오리** a priori concret라고 부른다. 이는 더 이상 이전 고전주의 시대와 같이 초월적·보편적인 것이 아니므로 '구체적'이고, 주어진 새로운 지형 내에서는 일정한 일반성을 유지하므로 '아 프리오리'이다.[25]

---

24 Jean-Charles Sournia, *Logique et morale du diagnostic*, Paris: Gallimard, 1962, p. 19.
25 이 지형을 벗어나면 그 효력은 무효화된다. 따라서 구체적 아 프리오리란 이 경우 주어진 특정 시간대 안에서만 유효한 방식으로 작동하므로 역사적 아 프리오리(a priori historique)와 같은 말이다. 마찬가지로 이 구체적 아 프리오리는 주어진 특정 지역대 안에서만 작동하므로 문화적 아 프리오리(a priori culturel)라고 부를 수도 있다.

"임상과학으로서의 의학은, 역사적 가능성과 함께, 경험 영역 및 합리성 구조를 규정하는 제반 조건들에 의해서만 탄생할 수 있었다. 이 조건들은 이로부터 이제 막 탄생하게 된 구체적 아 프리오리를 형성하는데, 이는 아마도 질병의 새로운 경험이 태어나고 있기 때문이며, 이는 또한 이 경험이 시간 속에서 역사적 · 비판적인 파악의 가능성을 제공하기 때문일 것이다"(xi; 22).[26]

푸코는 이처럼 임상의학의 경험 가능성 영역 및 그것을 바라보는 합리성 구조 자체를 규정하는 조건들을 임상의학을 가능케 한 '구체적 **아 프리오리**'라 부른다. 구체적 아 프리오리들의 집합이 훗날 『말과 사물』에서 각 시대의 인식론적 장이라 불리는 것이고, 이 인식론적 장이 회전하는 중심축이 그 시대의 에피스테메이다. 그 이름을 무엇이라 부르든, 푸코는 임상의학의 탄생 조건은 어떤 개별적 지식이 아니라 이러한 조건들의 구

---

[26] 3년이 지난 후인 1966년 『말과 사물』의 푸코라면, 이를 역사적 아 프리오리라 불렀을 것이다. 오늘 우리는 1963년의 『임상의학의 탄생』에 등장하는 이 '구체적 아 프리오리'가 1961년의 『광기의 역사』에 등장하는 '문화적인 것'과 1966년의 『말과 사물』에 등장하는 '에피스테메' 사이의 이행기에 놓인 것임을 안다.

성·배치, 곧 그 장 자체의 변화였음을 분명히 한다.

4) '여전히 우리가 속해 있는' 칸트적 비판의 시대

서구의학의 근대란 이렇게 어떤 특정 개념이나 내용의 변화가 아닌 근본적인 인식론적 장 자체의 변화에 의해서만 가능할 수 있었던 역사적 사건이다. 푸코에 따르면, 이러한 사건은 의학에서는 비샤에 의해 이루어졌다. 그리고 이러한 변화의 철학적 형식은 기본적으로 동시대, 곧 18세기 말 활발히 활동한 프러시아의 철학자 칸트에 의해 제공되는데, 푸코는 칸트에 의해 제시된 새로운 시대를 비판의 시대라 부른다. 칸트의 비판철학, 근대, 계몽, 임상의학이란 푸코에게 모두 동시대에 발생한 동일한 사태의 다른 측면들이다. 비판의 시대란 고전주의처럼 모든 것을 통괄하는 하나의 원리, 원초적 기원, 궁극적 무한을 다루는 제1철학이 더 이상 통용되지 않는 시대, 제1철학이 존재하지 않는 시대이다. 이는 근대가 가져온 인식론적 변화가 비단 이전의 고전주의 시대만이 아닌 플라톤과 아리스토텔레스 이래 서양철학과의 근본적 단절임을 의미한다. 그러나 푸코가 이를 통해 궁극적으로 하고자 하는 말은 이렇게 지금(책이 작성된 1963년 또는 1972년)으로부터 약 150여 년 전이던 18세기 말-19세기 초에 칸트에 의해 설정된 자신들의 근대, 비판의 시대가, 이제는 끝나야 함에도 불구하고 여전히 '우리'(이 '우리'는 지금 이 글을 읽는 독자들은 한 사람도 포함되지 않는 유럽인들만을 의미한다)를 지배하고 있으며,[27] 따라서 이를 파괴해야 한다는 주장이다 (푸코는 '근대의 파괴'를 위해 근대를 연구한 학자이다). 푸코의 말을 직접 들어 보자.

"우리가 매 순간 운명의 지배를 떠올리게 하는 제1철학이 부재하는 비판의 시대에 여전히 속해 있다는 것은 충분히 있을 수 있는 이야기이다. 이 시대는 우리로 하여금 원초적 언어에 대해 치유 불가능한 방식으로 거리를 두게 만드는 지성의 시대다. 칸트에게 있어, 비판의 가능성 및 그것의 필연성은, 몇몇 과학적 내용

---

27 나의 견해로, 현대 정치학의 가장 중요한 문제는 바로 이 '우리'가 누구이며, 어디까지인가, '우리'는 어떻게 형성되는가, 나아가 우리가 누구인가를 누가 결정할 수 있는가의 문제다. 푸코의 우리는 늘 '유럽인'들이며, 심지어는 '미국인들'조차 간접적으로만 포함된다. 마찬가지로 '우리' 곧 대한민국 국민은 그들이 유럽화, 서구화, 이른바 근대화된 만큼, 유럽인인 푸코의 논리는 '우리'에게도 정확히 그 정도에 비례하여 유의미해진다.

을 가로질러, 인식이 있다는 사실에 연결되어 있었다. 오늘날 이는 —문헌학자 니체가 증명하듯이— 언어작용이 있다는 사실, 그리고 인간에 의해 발음된 무수한 파롤들 안에, 이 파롤들이 이성적이든 정신이 나갔든 또는 지시적이든 시적이든, 우리를 넘어서며 우리의 눈멂을 이끌어 가면서도, 그와 동시에 밝음 아래 드러나고 말을 할 수 있게 되기 위해 우리의 의식에 포착되기를 어둠 속에서 기다리는, 하나의 의미가 형태를 갖추게 되었다는 사실에 연결되어 있다. 우리는 역사를, 담론들에 대한 담론의 참을성 있는 구축을, 이미 말해졌던 것을 들어야 할 임무를 역사적으로 부여받은 것이다"(xi-xii; 23).

이상 인용된 단락의 논의는 '칸트=근대' 그리고 '오늘=니체'의 구조로 이루어져 있다. 이 칸트적 근대의 가능 조건은 **비판**이고, 그 결과는 **인식**이다. 푸코는 18세기 말-19세기 초 유럽에서 이루어진 고전주의와 근대의 단절이 오늘(푸코가 책을 쓰는 1963년 또는 1972년)도 여전히 이어지고 있는 것으로 가정하고 있는데, 푸코가 보기에 근대는 이제 끝나고 이후의 어떤 새로운 시기가 도래해야 한다. 푸코는 1984년 사망할 때까지 이 시기를 특정한 이름으로 명명하지 않는다.[28] 이 새로운 시기의 특징, 곧 에피스테메는 아마도 **언어작용**일 것이다. 이 경우 니체적 오늘의 가능 조건은 언어작용이고, 그 결과는 **담론**일 것이다. 따라서 우리는 위의 내용을 보충하여 다음과 같은 도표를 만들어 볼 수 있을 것이다(오늘의 가능 조건과 결과는 푸코 자신이 말한 것이 아니므로 소괄호 안에 넣었다).

	근대	오늘
인물	칸트	니체
가능 조건	비판	(언어작용)
결과	인식	(담론)
에피스테메	역사 또는 인간	언어작용

한편, 푸코가 밝힌 두 에피스테메, 곧 르네상스와 고전주의

---

28 푸코가 1960년대의 저작들에서 확립한 이 '새로운 시기'를 (1970년대 말 이후에야 현재의 의미가 부여된) 포스트모더니즘이라는 용어로 불러서는 안 된다. 푸코는 마지막 날까지 '포스트모더니즘'이라는 용어를 결코 인정한 적이 없으며, 푸코에게 포스트모더니즘이라는 용어는 사이비 문제설정일 뿐이다. 자세한 것은 나의 글을 보라. 허경, 「미셸 푸코와 자기 변형의 기술」, 『처음 읽는 프랑스 현대철학』, 동녘, 2013, 245-251쪽.

에피스테메가 모두 정확히 150년의 지속 기간을 가지고 있고 (이를 '150년 주기설'로 불러 볼 수 있을 것이다), 푸코가 근대의 에피스테메에 대해 특별한 기한을 따로 정하지 않고 있으며, 암암리에 이제는 근대가 끝나야 한다고 말한다는 사실을 종합적으로 고려해 보면, 푸코는 근대가 시작된 후 150년이 지난 대략 1950년경, 또는 전후 25년을 감안한 1925-1975년 사이(1963년과 1972년이 모두 이 시기 안에 포함된다)에 새로운 시대가 도래해야 한다고 믿고 있음을 가정해 볼 수 있다. 그리고 니체의 생몰 연대가 1844-1900년임을 생각해 볼 때, 푸코가 위 인용문에서 언급한 니체는 '근대 이후에 나타나는' 이 새로운 시기의 도래를 알린 자, 곧 선구자 또는 기초를 놓은 자로 간주된다. 그리고 이 새로운 시대의 에피스테메가 바로 언어작용이다. 그렇다면 근대의 파괴, 나아가 새로운 시대의 도래라는 작업을 실제로 수행할 인물은 아마도 1950년을 전후로 하여 글을 쓰고 있는 인물, 1963년 또는 1972년에 글을 쓰고 있는 인물, 곧 푸코 자신이 될 것이다.

5) 주석의 비판 ― 파롤에서 언표와 담론으로, 또는 소쉬르
   에서 니체로

이제 푸코의 서문은 중반을 넘어 마지막 부분으로 나아가고
있다. 이미 살펴본 것처럼, 푸코의 1972년 개정판 서문은 구조
주의적 함축을 갖는 전통적인 시니피에/시니피앙의 짝으로부
터, 광의의 니체주의적 의미로 이해되어야만 하는 **역사적 담론
형성작용의 분석**을 향한 전환을 보여 준다. 이하의 부분에서 푸
코는 바로 이러한 방법론적 전환의 관점에서 전통적 방법론에
대한 부정적 비판을 수행한다. 우선, 우리에게 마치 1971년에
출간될 『담론의 질서』의 한 부분을 미리 읽는 듯한 착각을 불러
일으키는 이 비판의 첫 번째 대상은 주석이다. 특히 언어작용
에 관련된 이 부분은 향후 푸코 사유의 펼쳐짐에 결정적 중요
성을 갖게 되므로 주의 깊게 읽어 두어야 한다.

먼저, 푸코는 **주석**註釋, commentaire을 '글을 쓴 주체 곧 저자의
의식적·무의식적 의도意圖, intention를 묻는 행위'로서 규정한다.
주석, 시니피앙, 시니피에, 담론, 파롤, 언어작용 등의 용어들이
등장하는 아래의 단락은 상당히 길지만, 향후 이러한 용어들이
푸코 사유에서 차지하게 될 중요성을 생각하면 충분히 전체를

번역하여 이곳에 제시할 가치가 있다.

"우리가 파롤의 용법을 오직 주석의 용법으로만 인식하고 있다는 것은 숙명적인 일일까? 이 후자後者[주석]는, 진실을 말하자면, 담론에 대하여 그것이 말하는 것 그리고 그것이 말하고자 했던 것을 묻는다. 주석은 파롤의 이중적 기초, 곧 우리가 진실에 더 가까우리라고 가정하는 자신과의 동일성 안에서 말이 스스로를 재발견하는 장소를 드러내고자 한다. 주석은, 이미 말해진 것을 발화함으로써, 한 번도 발화되지 않은 것을 다시 말하고자 하는 일에 관련된다. 오래된 그리고 스스로에 대해 침묵하며 또 때로는 수다스러운 하나의 주어진 담론을 태곳적의 것인 동시에 동시대적인 것으로 다시금 엄밀히 포착하고자 하는 이 주석이라는 행위 안에는 언어작용에 관련되는 기묘한 하나의 태도가 숨어 있다. 주석 행위는 정의상 시니피앙에 대한 시니피에의 과잉, 언어작용이 어둠 속에 남겨 놓는 사유의 필연적으로 비非형식화된 나머지, 자신의 비밀 바깥으로 밀려 나온 그것의 본질 자체로서의 찌꺼기를 받아들이는 것이다. 하지만 동시에 주석이란 이 말해지지 않은 것이 파롤 속에 잠자고 있음을, 이 말해지지 않은 것에 물음을 제기함으로써, 시니피앙에 고유한 일종의 넘쳐 남에 의해 우리가 명시적으로 의미되지는 않았던 하나의 내용을 말하게 할 수 있음을 전제하는 것이기도 하다. 이런 이중적 과도함은 주석의 가능성을 열어젖힘으로써 우리에게 어떤 제한도 있을 수 없는 하나의 무한한 과제를 부과한다. 곧 늘 지속되면서 그에 대해 언제나 파롤을 제공할 수 있는 의미되는 것이 늘 존재한다. 시니피앙[의미하는 것]에 대해서 말하자면, 시니피앙은 우리의 의도와 무관하게 늘 우리에게 그것이 무엇을 '말하고자 하는지'를 묻는 풍부함 속에서 늘 제공된다. 시니피앙과 시니피에는 각각 고립적으로 하나의 잠재적 의미작용이라는 보물을 가능케 하는 하나의 실체적 자율성을 획득하며, 궁극적으로, 하나는 나머지 하나 없이도 존재할 수 있고, 또 자신에 대해 말할 수 있다. 주석은 바로 이런 가정적 공간 안에 자리를 잡는다. 그러나 동시에 주석은 이들 사이에 하나의 복합적 연결, 표현의 시적 가치를 작동시키는 미未결정의 전반적 조직망을 창조한다. 시니피앙은 오직 시니피에를 숨기면서만 그리고 시니피에를 소진되지 않는 저장소에 남겨 둠으로써만 '번역'하는 것으로 간주된다. 시니피에는 오직 자신이 지배하지 못하는 특정 의미를 자신 안에 담지하고 있는 무겁고도 가시적인 세계 안에서만 자신의 베일을 벗는다. 주석은 파롤이 '번역'의 행위이면서, 숨기면서 보여 주는 이미지들의 위험한 우위를 가지는 것이어야 하며, 담론의 재포착이라는 열린 계열 안에서 자기 자신에 의해 무한히 대체될 수 있어야 한다는 이러한 요청 위에서 머무른다. 간단히 말해, 시니피앙은 늘 자신의 역사적 기원을 충분히 명확하게 밝히는 하나의 특정 언어작용이 발생시키는 해석, 곧 [그리스도교 성서의] 주해註解, Exégèse 위에 머무른다. 주해는 금지를 통해 지각 가능한 이미지, 상징을 듣는 것이자, '계시'의 모든 장치들을 통해 늘 비밀스럽고 늘 스스로를 넘어서는 '하느님의 말씀'을 듣는 것이다. 우리[유럽인들]는, 몇 년 전부터, 우리가 수 세기 동안 헛되이 '말씀'의 결정을 기다렸던 이 정확한 지점에서 우리[유럽] 문화가 작동시키는 언어작용에 대해 주석을 단다"(xii-xiii; 23-24).

이상의 인용을 간단히 요약해 보자. 주석은 발화된 말이 원래 하고 싶었던 말, 실은 발화된 표면의 뒷면 또는 아래에 숨어 있는/드러나 있는 말을 찾아 나서는 활동이다. 주석은 필연적으로 주석의 대상이 되는 원본보다 후대의 일이다. 인간은 그런데 현재밖에 살 수 없으므로, 주석의 행위는 주석을 수행하는 주체의 현재가 된다. 이제 원본은 과거에, 주석은 현재에 위치한다. 따라서 어떤 주석자와 그 주석자의 주석을 신뢰하는 이들은 이 주석자의 주석 내용을 '원본이 이미 늘 말하고 있었지만, 실은 매우 기이하게도, 아직 아무도 읽어 내지 못한 원본의 참뜻'을 드디어 밝혀낸 것으로 이해한다. 그런데, 과거에 일어난 일(원본)에 대한 현재의 해석(주석)은 과거만큼이나, 나아가 과거보다는 오히려 현재를 잘 보여 준다. 주석은 부차적인 현재가 원본이 되는 과거를 해석하는 형식으로 되어 있지만, 실제로 발생하는 일은 정반대이다. 현재의 주석이 원본이고, 과거의 원본은 부차적이다. 이는 과거를 바라보고 해석하는 현재만이 아니라, 현재 일어나고 있는 어떤 일에 대한 현재의 다양한 해석들 사이에서도 여실히 관철되는 사태이다. 한 편의 같은 영화를 보고 100명이 모두 다른 느낌과 인상을 받고 각자 모두가 '내가 본 이것이야말로 이 영화의 본질'이라고 말한다면, 이러한 말은 영화보다는 그 말을 한 사람을 오히려 더 잘 보여 주고 알려 주는 것이 아닐까? 이러한 주장을 여러분이 현재 대한민국 혹은 세계에서 일어나고 있는 (여러분의 머릿속에 떠오른)

어떤 특정 사건에 대해 적용해 볼 때, 푸코의 주장은 쉽게 이해 가능해진다. 현재의 대한민국에서 일어나는 어떤 사건에 대한 나의 '올바른' 파악이란 실은 나의 해석이다.[29]

이러한 기본적 이해 아래, 푸코는 주석의 일반적 메커니즘을 파롤의 발화를 통한 시니피앙과 시니피에의 이항대립 작용으로 설명한다. 이는 물론 명백히 소쉬르적인 설명이다. 파롤은 랑그에 대립되는 것으로, 이때 파롤은 개별적 발화, 랑그는 파롤을 가능케 해 주는 일반적 규칙의 집합 정도로 생각해 볼 수 있다. 랑그가 한국어 문법이라면, 파롤은 각 개인의 구체적 발화들이다. 지금 이 글이 구체적인 개별적 발화행위(이 경우는 기

---

29 물론 이러한 푸코의 입론이 푸코를 완전한 상대주의로 몰아가는 것처럼 보일 수 있지만, 푸코는 주어진 특정 시점과 사회에서는 일정한 일반성(인식론적 장, 에피스테메, 또는 실증성)이 작용하는 것으로 보므로 이를 피해 가려고 노력한다. 한편, 이상의 논의는 우리가 익히 잘 알고 있는 크로체(Benedetto Croce, 1866-1952)의 "모든 역사는 현대사"라는 말, 또는 E. H. 카(E. H. Carr, 1892-1982)의 "우리는 오직 현재의 눈을 통해서만 과거를 볼 수 있고, 과거에 대한 우리의 이해를 획득한다"라는 말, 또는 "역사는 역사가와 그의 사실들 사이에서 벌어지는 지속적인 과정이며, 과거와 현재 사이의 끝없는 대화이다"라는 말이 갖는 의미일 것이다. "누가 말하는가?"라는 문제를 서양철학의 전면에 등장시킨 니체 이래, 이상과 같은 모든 논의는 역시 E. H. 카의 "사실을 연구하기 전에 역사가를 연구하라"라는 말, 또는 곰브리치 『서양미술사』의 첫 문장 "미술이라는 것은 사실상 존재하지 않는다. 다만 미술가들이 있을 뿐이다"라는 말로 정리될 수 있을 것이다.

술행위)이고 당신이 이 글의 의미를 이해할 수 있다면, 이는 우리들이 랑그 곧 동일한 한국어 문법체계를 숙지하고 있는 언어공동체의 구성원들이기 때문이다. 이러한 '파롤/랑그'의 체계가 각각의 개별적 파롤들이 구체적 의미를 가질 수 있게 해 주는 전제 조건이다. 한편 기호는 시니피앙과 시니피에로 이루어지는데, 시니피앙이 '의미하는signifying' 기호라면, 시니피에는 '의미되는signified' 기호이다. 주의할 것은 시니피앙/시니피에가 기호와 사물의 관계가 아닌, 기호와 개념 또는 이미지의 관계를 나타낸다는 점이다. 곧 한국어에서 사과라는 소리로 발음되는 청각기호가 시니피앙이라면, 시니피에는 실제의 사과 자체가 아닌, 사과라는 발음을 가진 기호가 가리키는 의미의 대상, 곧 사과라는 개념을 의미한다. 소쉬르의 시니피앙/시니피에의 세계에서는 아리스토텔레스 이래 서양에서 수천 년간 이어져 내려오던 실제의 사과와 사과라는 개념 사이의 이분법이 파괴된다.

앞 인용문의 마지막 부분에 언급되어 있는 '성서 주석' 역시 바로 이러한 관점에서 새롭게 이해되어야 한다. 소쉬르 이후 서양은 이른바 '언어학적 전회'를 겪게 되는데, 가령 언어학적 전회 이전의 성서 해석이란 '말씀'의 참뜻을 밝히는 것이었다. 그리고 이렇게 (성서를 비롯한) 무엇인가의 '참뜻을 밝힌다'는 말은 그 주석 또는 해석의 대상이 되는 '원본'의 참된 의미를 밝힌다는 말이 된다. 이는 궁극적으로 발화된 표면의 말, 또는 표면적 의미에 대한 누군가의 해석이 원래 발화자의 **의도**와 **일치**하는가라는 문제로 귀결된다. 이는 다음과 같은 질문에 의해 간략히 정리될 수 있을 것이다. 우리에게 주어진 이 특정 해석이 성서의 '복음福音'을 전달하고자 '말씀'을 기록한 기자記者의 원래 의도와 일치하는가? 보다 궁극적으로는 그리스도 또는 하느님 말씀의 의도와 일치하는가?[30] 따라서 주석의 논리에 따르면, 어

---

30 서구 근대의 '이신론(理神論, deism)'과 '자연법' 사상은 물론, 마르크스의 저작에 대해 주어진 현재의 이 독해가 마르크스의 원래 의도에 부합하는가, 원래 의미와 일치하는가를 찾는 '마르크스주의의 정통성 논쟁'은 그리스도교의 세속 버전, 유물론 버전이다. 이것이 푸코가 '마르크스주의에는 마르크스의 경전에 대한 특정 해석의 일치 여부에 대한 논쟁만이 있었을 뿐, 마르크스주의 고유의 통치성이 없다'고 말한 이유이다. 물론 이렇게 말하면 그리스도교적 통치성 역시 존재하지 않는다. 푸코의 주장을 인식론적으로 정리하자면 다음과 같을 것이다. 진리의 대응설 또는 반영론에는 통치론이 없다. 푸코는 1978년 프랑스철학회에서 행한 연설 〈비판이란 무엇인가?〉에서 비판을 '통치받지 않으려는 의지'로 규정하면서 성서와 연관하여 이러한 견해를 피력한다. "인간들에 대한 통치가 본질적으로 영적 기술이었던, 혹은 본질적으로 교회의 권위와 성서의 권위에 결부된 종교적 실천이었던 시대에, 이런 식으로 통치받지 않고자 하는 의지는 근본적으로, 신의 가르침의 작용방식에 결부된

90

떤 발화된 말의 **의미**는 그 말의 발화 주체가 가졌던 **의도**에 의해 결정된다.

이상의 논의는 앞서 말한 것처럼 소쉬르적 방법론을 기반으로 한 것으로, 초판을 낸 1963년 당시 '구조주의'로 경도되어 가던 푸코의 입장을 가늠케 해 주는 부분이라고 말할 수 있다. 그리고 바로 이 부분이 1963년의 초판과 1972년의 개정판 사이의 결정적 차이를 이루는 부분이다. 우리가 지금 분석의 대상으로 삼고 있는 1972년 개정판의 이어지는 단락에서 푸코는 '의미/의도'에 기반한 주석, 근본적으로는 시니피앙/시니피에의 이분법에 기초한 '구조주의적' 방법론 자체를 격렬히 비판한다.

관계와는 다른 관계를 성서 속에서 모색하는 일이었습니다. 통치받지 않고자 하는 의지는, 성직자의 권위를 거절하고 거부하고 제한하는, 어떻게 표현해도 좋지만 그런 방식이었으며, 성서로의 회귀였고, 성서에서 진정한 것이 무엇이었는지를 묻고, 무엇이 성서에 실제로 기록되었는지를 묻는 것이었습니다. 그것은 '성서가 말하는 진실은 어떤 종류의 것인가? 어떻게 성서 속에서, 아마도 [누군가에 의해] 쓰인 것임에도 불구하고, 성서의 진실에 접근할 수 있을까?'라는 문제였습니다. 그리고 마침내 사람들은 다음과 같은 매우 간단한 질문에 이르게 됩니다. '성서는 과연 진실인가?' 요컨대 존 위클리프부터 피에르 베일에 이르기까지 비판은 성서와 관련해서 발전했습니다. 저는 이것이 중요하다고 생각합니다. 물론 절대적이라는 것은 아니지만요. 어쨌든 비판은 역사적으로 성서와 관련되어 있습니다"[미셸 푸코, 『비판이란 무엇인가? 자기수양』, 오트르망(심세광·전혜리) 옮김, 미셸 푸코 미공개 선집 1, 동녘, 2016, 45-46쪽].

"전통적으로, 다른 이들의 사유에 대해 말한다는 것, 그들이 말했던 것을 말하고자 노력한다는 것은 시니피에[의미된 것]에 대한 분석을 수행하는 것이다. 그러나 다른 곳에서 다른 이들에 의하여 말해진 사물들을 반드시 시니피앙과 시니피에의 놀이에 따라 배타적으로만 다루어야 할까? 이미 말해진 것에 대해서, 어떤 잔여물이나 과잉도 없이, 단지 그것의 역사적 출현이라는 사실만을 전제함으로써 —주석의 운명을 탈피하는— 담론 분석의 수행이 가능하지 않을까? 따라서 이제 담론의 사실은 —다수 의미작용의 자율적 핵이 아니라— 오히려 점차로 체계를 형성해 나아가는 기능적 분절체들 및 사건들로서 간주되어야 할 것이다. 한 언표의 의미는 이제 그것이, 감추는 동시에 드러내며, 담고 있으리라 믿어지는 의도의 보물창고에 의해서가 아니라, 시간의 직선 계열 속에서 그것에 대립되거나 혹은 동시적으로 존재하는 현실적이고 가능한 다른 언표들에 대하여 분절되는 차이에 의해 규정되어야 할 것이다. 이렇게 해서 담론의 체계적 역사가 나타나게 될 것이다"(xiii; 24-25).

초판과 개정판 사이에서 무엇이 변화했는가? 우선 분석의 대상이 더 이상 시니피앙/시니피에 또는 파롤이 아니라, **언표**로 변화했다. 그리고 한 언표의 의미는 더 이상 언표의 '의미', 또는 언표 발화자의 '의도'에 의해 규정되지 않는다. 언표는 오직 실제로 발화된 말이며, 곧 언표가 발생시키는 실제의 효과만을 추적할 뿐이다(이는 시니피앙/시니피에, 파롤/랑그의 의미작용을 추적하는 소쉬르 계열의 '구조주의' 언어학에 대한 비판이다). 언표는 표면에 드러난 것이며, 결코 심층의 어떤 무의식적 작용을 추적하지 않는다(이는 심층의 무엇인가, 또는 '그것'을 추적하는 정신분석, 특히 라캉에 대한 자기 비판이다). 이제 언표는 **차이**, 보다 정확히는 차이를 발생시키는 작용, 곧 차이작용에 의해 규정되는데, 사실상 이러한 부분은 여전히 구조주의적 요소를 함축한다. '언표의 차이 작용에 대한 분석'은 푸코에 의해 새로운 이름, **담론의 체계적 역사**라는 이름을 얻는다. 담론이란 '동일한 계열에 속하는 언표들의 집합'으로 정의되는데, 여기서 중요한 것은 '효과'라는 단어이다. 이는 효과/결과라는 번역어가 잘 보여 주듯 무엇인가가 어떤 무엇인가를 '생산하는' 기능을 수행한다는 의미이다. 이 담론은 물론 니체적 힘-관계의 논리로 이해되어야만 하는 용어이다. 이런 의미에서 초판과 개정판의 사상적 차이는 **소쉬르**

에서 니체로의 이행이라는 용어 아래 정리될 수 있다. 물론 푸코는 니체의 사유를 자신만의 독창적인 방식으로 전유하고 있으므로, 나의 이런 묘사가 푸코가 니체의 사유를 전적으로 '답습'하고 있다는 의미는 아니다.

6) 역사적·비판적 탐구

푸코는 이제까지의 관념사는 다만 두 가지 방법론만을 알아 왔을 뿐이라고 주장한다. 하나는 감성적 방법론이며, 다른 하나는 심리학적 방법론이다. ① 우선, **감성적**esthétique 방법론은 **유비**analogie의 방법론으로 발생, 친자관계, 친족관계, 영향력 등과 같은 시간적 분산, 혹은 시대정신, 그것의 세계관 Weltanschauung, 기초 범주들, 사회문화적 세계 구성 등과 같은 결정된 역사적 영역이라는 표면의 길을 따르는 것이다. ② 한편, **심리학적**psychologique 방법론은 "어떤 세기가 그것이 말한 것보다 혹은 우리가 믿었던 것보다 덜 합리적 혹은 비합리적이었다"와 같은 **내용 부정**dénégation des contenus의 방법론으로, 이를 통해 사유에 대한 일종의 '정신분석'이 시작되고 발전했던 방법론이다(xiii; 25).

이와 대비되어, 푸코가 이 책에서 수행하고자 하는 것은 담론의 특정 유형, 곧 '주어진 특정 시대, 또는 19세기 대발견 이전의 의학적 경험이 보여 주는 담론에 대한 분석'이다. 이에 따르면, 특정 사회의 특정 시점에만 해당되는 고유명사로서의 '임상의학', 곧 18세기 말 유럽에서 새롭게 탄생한 임상의학은 '사물에 대한 하나의 새로운 분할작용'인 동시에, '우리가 실증과학의 언어작용 안에서 익숙하게 알아볼 수 있었던 언어작용이 갖는 특정 분절작용의 원칙'이다(xiii-xiv; 25-26).

구체적으로, 푸코는 18-19세기의 전환기에 나타난 '임상의학'이, 그 **전체적 배열**disposition d'ensemble의 측면에서, 이전과는 구분되는 다음과 같은 다섯 가지의 새로운 특징을 갖는다고 말한다.

"① 의사의 경험이라는 측면에서, 지각 가능한 것과 언표 가능한 것에 관한 새로운 윤곽.

② 신체 공간의 눈에 띄지 않았던 요소들에 대한 새로운 분류(예를 들면, 기관의 기능적 덩어리에 대립하면서 '내적 표면'이라는 역설을 구축하는 식으로, 두 차원에서 기능하는 영역으로서 간주되는 조

직의 분리와 같음).

③ 병리 현상을 구성하는 요소들의 재조직화(징후의 문법이 증상
의 식물학을 대치함).[31]

④ 질환성 사건들에 대한 선형 계열적 규정(질병분류학적 공간의
덤불에 반反함).

⑤ 유기체[인체]에 관련된 질병의 분절(질병의 존재 및 그 원인과 결
과를 세 가지 차원을 갖는 하나의 공간 안에 위치시켜 주는 특정의
국지적 지위를 설정하기 위해 증상들을 하나의 논리적 형상 안에 모
아 주던 일반적인 질병적 실체의 소멸)"(xiv; 26).

"역사적 사실로서의 임상의학의 출현은 이러한 재조직화의 체
계와 동일시되어야 한다. 이 새로운 구조가 고지되기는 했지
만, 미세하지만 결정적인 질문방식의 변화에 의해 단번에 완결

---

31 증상과 징후는 모두 '어떤 질환의 존재를 표시하는 것'이지만, 증상(症狀, symptôme)이
'환자의 주관적 감각, 환자에 의하여 인식되는 증거, 환자의 신체적 또는 정신적 상
태의 변화'에 상응하는 것인 반면, 징후(徵候, signe)는 '검사하는 의사에게 알려 주는
질환의 객관적 소견 또는 증거'로 이해된다. 다음 사전의 항목 'symptom', 'sign'을 참
조. 이우주 엮음, 『영한 · 한영 의학사전』, 아카데미서적, 1992. 이하 이 책의 의학
용어 번역은 이 분류를 따른다.

된 것은 물론 아니었다. 18세기에 자신의 고유한 문법과 스타일로 환자와 의사의 대화를 촉발시켰던 이전의 '무슨 문제가 있으세요?Qu'avez-vous?'라는 질문은 이제 오늘 우리가 임상의학의 놀이 및 그것의 모든 담론 원칙들을 식별해 내는 '어디가 아프세요?Où avez-vous mal?'라는 질문으로 대치되었다. 바로 이 질문으로부터 의미하는 증상과 의미되는 질병의 사이, 기술記述과 기술이 묘사하는 것의 사이, 사건과 사건이 보여 주는 예후의 사이, 그리고 상처와 상처가 가리키는 고통의 사이 등과 같은, 의학적 경험의 모든 수준, 시니피에에 대한 시니피앙의 모든 관계가 재분배된다. 자신의 경험주의에 의해 자신의 겸허와 어떤 담론도 개입되지 않은 채 시선 아래에 사물들을 조용히 나타나게 하는 관심을 끊임없이 상기하는 임상의학은, 자신의 참다운 중요성을 단순히 의학적 인식의 측면에서만이 아니라 질병의 가능성에 대한 담론 가능성 자체의 심오한 재조직화라는 사실에 빚지고 있다. 의사들에 의해 선언되는 이론의 거부, 체계의 포기, 비철학과 같은 임상 담론의 자제自制, retenue는 임상의학으로 하여금 보이는 것과 말해지는 것을 절단하고 분절하는 공통 구조la structure commune qui découpe et articule ce qui se voit et se qui se dit를 말하게 해 주는 비언어적 조건들에로 되돌려진다"(xiv-xv; 26. 두 질문은 인용자 강조).

따라서, 임상의학의 탄생은 단지 이전 의학에 존재했던 특정 개념의 변화에 의한 것이 아니다. 임상의학의 탄생 조건은 **질병에 대한 담론 가능성 자체의 재구성**이며, 이는 의학적 경험을 가능케 했던 조건들, 또는 조건들의 배치 구조 자체의 변형이다. 따라서 우리가 탐구해야 할 것은 그러한 변형을 가능케 했던 **역사적 조건들**에 대한 **역사적·비판적인** 연구이다. 『임상의학의 탄생』은 임상의학의 탄생을 가능케 한 역사적 조건들에 대한 역사적·비판적 연구, 곧 **지식 고고학적 연구**이다.

4장
『임상의학의 탄생』 본문

1. 공간과 분류

1) 인식론적 단절 — 진리 놀이들

푸코에 따르면, 임상의학의 탄생에 결정적 영향을 미친 인물은 근대 병리해부학의 장을 연 비샤 및 그를 잇는 브루세이다. 이러한 푸코의 주장을 이해하기 위해서는 『임상의학의 탄생』 전반을 통해 근대 유럽의학사와 관련하여 푸코가 제시하는 다소 복잡한 입론을 세심한 눈길로 따라가 보아야만 한다.

하지만 이를 위해 우리는 우선 푸코 사유의 일반적 특징을 충분히 이해해야만 한다. 푸코에 따르면, 어떤 '변화'(푸코가 '진보'

라는 용어를 결코 사용한 적이 없음을 반드시 기억해야 한다)는 —어떤 하나의 개별적 개념, 기술, 장치, 이론의 변화 혹은 창안에 의한 것이 아니라— 지식의 전체적인 틀 혹은 지식을 가능케 하는 격자格子, grille 곧 장場 자체의 변화에 의해서만 가능하다. 이는 의학사에 대해서도 마찬가지인데, 의학사의 어떤 변화는 —어떤 하나의 개별적 부분에 관련된 변화가 아닌— 의학적 지식 체계 전체의 배치 혹은 장 자체의 전면적인 변화이다. 보다 정확히 말해, 변화한 것은 그러한 개별적 지식들의 성립 혹은 구성을 가능케 했던 **조건들의 집합** 자체이다. 따라서 모든 변화는 지식 혹은 인식의 **가능 조건들** 자체가 변화한 경우에만 가능하다. 이러한 장 자체의 변화에 의해 새롭게 구성된 틀 안에서 이전에 사용되던 용어·개념은 완전히 사라지거나 혹은 새로운 용어·개념에 의해 대체된다. 마찬가지로 이전에는 존재하지 않았던 완전히 새로운 용어·개념이 나타나기도 한다. 설령 이전과 같은 용어·개념이 새로운 틀 안에서 여전히 사용되더라도, 그 의미는 새로운 체계 안에서 '거의 완전히' 달라진다. 이런 특성은 개별적 용어·개념뿐만 아니라, 이론 일반에 대해서도 마찬가지로 타당하게 적용된다.

잘 알려진 것처럼, 푸코의 이러한 논의는 과학사가 바슐라르 Gaston Bachelard(1884-1962)의 **인식론적 단절**coupure épistémologique 개념에 영향받은 것이다. 바슐라르에 따르면, 하나의 이론·체계는 이후의 새로운 이론·체계 안에서 사라지거나 대체되며, 혹 살아남더라도 새로운 이론·체계 내의 특수한 하나의 함수로서 **재규정**되면서 그 성질이 완전히 달라진다.[32] 이러한 입론에 따르면 의학사가들이 관심을 기울여야 하는 것은 어떤 개별적 용어·개념·이론상의 개선 혹은 변화가 아니라, 개별적 지식을 가능케 했던 **인식론적 조건들 전체**라는 '장' 자체의 변화이다. 따라서 푸코에 따르면 인식론적 변화에 대한 탐구는 유일하고 변

---

[32] 개리 거팅의 적절한 비유를 따르면, 이는 마치 뉴턴의 천문학 이론이 아인슈타인의 새로운 범천문학 이론 내에서 '하나의 특별한 단순 예'로 규정되거나, 유클리드 기하학이 새로운 비유클리드 기하학 체계 내에서 '곡률이 0인 공간에서 유지되는 특수한 기하학'이 되는 것과 마찬가지이다. 이를 바슐라르는 ―헤겔적 의미가 아닌, 바슐라르 이론의 고유한― '변증법'이라 불렀는데, 이는 "초기의 개념들이 [헤겔의 경우에서처럼] 더 높은 통일체로 신비스럽게 '지양'되는 것이 아니라, 어느 정도까지 적용될 수 있는가를 설명해 주는 이후의 우월한 개념들을 기초로 교정"되는 과정이다. Gary Gutting, *Michel Foucault's Archeology of Scientific Reason*, Cambridge: Cambridge University Press, 1989/1995, pp. 20-21; 개리 거팅, 『미셸 푸꼬의 과학적 이성의 고고학』, 홍은영·박상우 옮김, 백의, 1999, 38-39쪽. 이 책의 3장 '임상의학'은 푸코의 『임상의학의 탄생』의 적절한 요약을 제공한다. 이하의 논의는 이 요약으로부터 도움을 받았다.

경 불가능한 보편적인 혹은 '절대적인' 합리성을 가정한 채, 해당 역사 시기에 이 보편적 합리성의 구체적 양태 또는 '반영'으로서 나타나는 개별적인 변화 양상들을 추적하는 것이 아니다.

변화한 것은 **합리성의 형식 자체**이며, 이러한 문제설정에서 중요한 것은 어떤 지식은 합리적인 것으로, 또 다른 지식은 비합리적인 것으로 구분하는 기준은 무엇이며 그것은 어떻게 정해지는가라는 문제이다. 이 구분의 기준이 다름 아닌 해당 시기의 인식론적 조건을 구성하는 '무엇'이며, 이 '무엇'이 바로 고고학적 탐구의 대상이다. 우리가 이러한 논리를 따를 때 기억해 두어야 할 점은 기준의 확정이 합리성에 따라 이루어지는 것이 아니라, 매 시대의 합리성이 이 기준의 변화에 따라 이루어진다는 사실이다(보다 정확히 말하자면, 양자는 오직 **동시적·상관적으로만** 형성된다). 이는 이러한 논리에는 각각의 시기들을 관통하는 '초역사적인' 합리성이 존재하지 않는 것으로 가정되기 때문이다. 초역사적인 기준이란 없고, 변화하는 것은 사실상 기준 자체이다. 따라서 기준 자체가 변화하므로, 각각의 시기들을 관통하는 합리성 자체가 존재할 수 없는 것이다. 따라서, 합리성은 메타적이지 않으며, 오직 시대의 내부에 속해 있다. 합리성은 새로운 기준들이 나타남에 따라 변화한다. 변화하는 것은 **진리 자체 혹은 합리성 자체**이며, 따라서 이른바 초시간적·초문화적인 것으로 가정되던 기존의 진리 또는 합리성은 단지 가능한 다양한 **진리 놀이들**jeux de vérité 중 하나가 된다.[33]

푸코는 바로 이러한 '진리 놀이의 탐색'이라는 관점에서 임상의학의 탄생, 보다 정확히는 유럽 18세기 말-19세기 초 의학사에 있었던 이른바 '임상의학의 탄생'을 가능케 했던 **역사적 조건들**, 곧 자신이 **역사적 아 프리오리**라 부르는 것들을 찾아 나선다.

2) 근대 의학의 인식론적 단절 ― 세 번의 새로운 공간화

푸코에 따르면, 서양의학사에서 **근대**가 시작된 시기는 18세기 말-19세기 초이다. 그리고 이 '근대'의 의학이 임상의학, 보다 정확히는 **해부임상학**anatomo-clinique이다. 근대 임상의학 또는 해부임상학은 18세기 말-19세기 초 이후 나타났는데, 임상의학이 '본격적으로' 펼쳐지는 것은 19세기 초부터이다. 근대 임

---

33 푸코가 그런 표현을 쓴 적은 없지만, 우리는 이런 논리를 따라 합리성 놀이(jeux de rationalité)라는 표현을 생각해 볼 수 있을 것이다.

상의학에 대비되는 이전의 의학, 곧 18세기 중반경까지의 의학을 푸코는 '고전주의'라는 용어 아래 묘사한다. 푸코는 고전주의 시대의 의학을 **분류의학**médecine classificatrice이라고 부른다. 정리하면, 서양의학은 18세기 말-19세기 초를 경계로 이전의 고전주의적 분류의학과 이후의 근대 해부임상학으로 나뉜다. 『임상의학의 탄생』 1-3장은 유럽 근대 임상의학이 탄생하기 이전까지의 과정을 그린 장들로, 고전주의 분류의학의 개요를 그리는 동시에, 근대 임상의학의 탄생 조건이 형성되는 과정을 그린다. 적어도 18세기 중후반에 해당되는 '이행기'에서 보이는 양자(사라져 가는 기존의 분류의학과 새로이 나타난 해부임상학)는 칼로 자르듯 분리 가능한 두 개의 실체들이라기보다는, 사실상 서로 섞이면서 상호 작용하며 서로 투쟁하는 관계적 양상들이다. 보다 정확히는, 마치 영화 〈에일리언〉과도 같이, 고전주의 분류의학이라는 어머니의 배를 가르고 나오는 자식으로서의 근대 임상의학이라는 비유가 적절하다. 따라서 푸코는 이렇게 말한다.

"역설적이게도, 분류의학, 곧 연대기적으로 해부임상학의 방법

론보다 조금 앞서는 의학적 사유의 이런 형태[분류의학]에서만큼
[질병의] 배치 공간espace de la configuration이 [신체에 있어서 통증의]
국지화 공간son espace de localisation으로부터 독립적인 동시에 자
유롭게 되었던 적은 없었다. 달리 말해, 역사적으로 해부임상학
을 가능하게 만든 것은 분류의학이었다"(2; 31. 인용자 강조).

이론과 실천 양자를 지배한 고전주의 분류의학은 프랑스의
박물학자 · 의사 소바주François Boissier de Sauvages de Lacroix(1706-
1767)의 『질병분류학』(1763)[34]으로부터 프랑스의 의사 · 정신의학
자 피넬Philippe Pinel(1745-1826)의 『질병학』(1798)[35]에 이르는 시기
를 포괄한다. 분류의학의 정신은 프랑스의 의사 질리베르Jean
Emmanuel Gilibert(1741-1814)의 책 『의학적 혼돈 상태』(1772)에 나오
는 다음과 같은 말에 잘 담겨 있다. "병의 종류를 확신하기 전
에 질병을 다루어서는 안 됩니다."[36]

---

[34] François Boissier de Sauvages de Lacroix, *Nosologia Methodica*, 1763.

[35] Philippe Pinel, *Nosographie philosophique ou méthode de l'analyse appliquée à la médecine*, 1798.

[36] Jean Emmanuel Gilibert, *L'Anarchie médicinale, ou la médecine considérée comme nuisible à la société*, 1772.

고전주의 분류의학의 기본 모델은 실은 식물학이다. 이는 위에 등장하는 『질병분류학』의 저자 소바주가 의사인 동시에 박물학자, 특히 식물학자였다는 사실에서도 잘 드러나는데, 오늘날 '질병분류학의 아버지'로 불리는 소바주는 식물학명의 제창자 린네Carl Linnaeus(1707-1778)의 절친한 친구이기도 했다. 고전주의 질병분류학은 고전주의 식물분류학을 모델로 형성된 것이다. 고전주의 시대의 기본적 사유방식은 보통 **도표**圖表, tableau에 의해 표상되는데, 도표는 종이 위에 옮겨진 '종種들의 정원'이다. 이것이 실제의 땅 위에 옮겨진 것이 '식물원'이고, '동물원'도 기본적으로 마찬가지이다. 이는 신의 관점에서 보면, 이세계 자체가 거대한 하나의 식물원이자 동물원이기 때문이다. 이렇게 보면 식물원과 동물원은 신의 질서를 모방한 '세계의 미니어처'라고 말할 수 있다.

이후 『말과 사물』에서 푸코는 고전주의의 에피스테메를 **재현**再現, représentation으로 규정하는데, 재현이란 글자 그대로 '원본'을 재현하는 것이다. 종들의 정원에 배치된 각각의 종은 당시 그리스도교의 논리에 따라 완전한 하느님이 '완전한' 상태로 창조하신 종, 최종적 버전들이다. 따라서 이와 같은 고전주의의 논리에서는 '진화'가 불가능하다. 하느님의 형상을 따라 만들어진 인간은 부족하나마 하느님의 법칙을 이해할 수는 있는 존재들이다. 하느님이 만드신 식물종들의 배치를 인간은 은총의 빛에 힘입은 자연의 빛, 곧 이성의 법칙을 따라 이해할 수 있다. 따라서 린네가 식물의 분류 체계를 정리한 자신의 책 제목을 (오늘날의 우리가 보면 '황당한' 일이지만) 『자연의 체계Systema Naturae』 (1758)라고 붙인 것은 '이해될 수 있는' 일이다. 린네는 자신의 식물 분류 체계가 자연을 이해하는 인간의, 실은 자신의 분류 체계가 아니라, 하느님이 완성된 형태로 만드신 질서와 법칙을 **있는 그대로** 재현, 반영한 것이라고 믿었다. 인간의 이성은 하느님의 완전한 이성의 불완전한, 부분적 재현이지만, 인간은 그럼에도 불구하고 하느님이 주신 자신의 이성을 사용해 하느님의 질서를 이해할 수 있다. 이러한 재현의 논리는 고전주의의 시조인 데카르트, 스피노자로부터 뉴턴, 그리고 소바주와 피넬에 이르는 고전주의자들이 공통적으로 갖고 있던 사고방식이다.

고전주의 분류의학은 이렇게 그 명칭 그대로 **분류 규칙**règle classificatrice을 기본으로 이루어진 의학이다. 다만 대상이 식물에서 동물과 인체로, 그리고 실은 무엇보다도 질병으로 바뀌었을 뿐이다. 따라서, 고전주의의 질병분류학은 결국 **질병분류표** tableau nosologique를 만드는 작업이다.

"인체의 두께 속에 포착되기 이전에, 질병은 과, 속, 종으로 위계화된 조직을 받아들여야 한다. 명백히, 관건은 질병의 풍부한 영역을 학습과 기억에 지각 가능한 것으로 만들어 주는 '도표'를 만드는 작업이다. 그러나 이런 공간적 '은유'를 넘어, 그리고 이런 은유를 가능한 것으로 만들기 위해서, 분류의학은 질병의 특정 '배치'를 상정한다"(2; 32).

질병분류학의 공간적 은유, 공간화는 따라서 질병분류학이 성립하기 위한 결정적 작업이다. 푸코는 '공간과 분류'라는 제목이 붙은 이 1장에서 이 시기 질병분류학이 겪은 **공간화** spatialisation의 세 가지 계기를 구분하는데, 이것이 1장의 핵심적 내용을 이룬다.

① 우선, **1차적** 공간화는 질병을 '질병의 근본 특성을 규정짓는 개념적 형상 안에' 위치시키는 일이다. 첫 번째로, 이는 '도

표'라는 일반 형식 아래 각각의 질병들을 '제자리에' 배치하는
일이다.

"분류의학이 드러내는 첫 번째 구조는 동시적이고 영속적인 평
평한 공간, 곧 도표이다"(4; 35).

앞서 설명한 것처럼, 고전의학은 질병을 '일반적 특성의 집
합'에 의해 규정되는 것, '추상적 본질'을 갖는 것, 달리 말해 '특
정 개인과는 무관한 것'으로 바라본다. 고전의학의 분류표는
이처럼 어떤 개별적·개인적인 신체와는 무관한 것이며(개인적
특성은 오히려 이러한 분류표상에서 '제거'되어야 할 무엇이다), 1차적 공
간화의 원칙을 충실히 따른다. 개념적 형상이란 개별적인 것
이 제거되고 해당 질병의 '본질'만이 '추출'되어 나온 질병 '자체'
의 '일반적' 형상이다. 그러나 여기서 중요한 것은 분류의학이
일반성을 추구한다고 해도 이는 합리적 '연역'의 차원만큼이나,
실제의 역사적 관찰에 의해 확증된 결과를 정리한 '귀납'의 차
원을 배제하지 않는다는 사실이다. 따라서 고전주의 시대의 의
사는 '마치 초상화를 그리는 화가와도 같이' 섬세한 관찰과 묘

사의 능력을 갖춘 자라야 한다.

"질병의 역사를 기술하는 사람은 … 그리 흥미롭지 않더라도 자
신에게 나타나는 질병의 자연적이고 명확한 현상들을 주의 깊게
관찰해야 한다. 그는 이러한 관찰 과정에서 초상화를 그릴 때 자
신이 그리고 있는 인물의 얼굴 위에서 만나게 되는 가장 작은 자
연적 사물과 몸짓들마저도 섬세하게 포착해 내는 화가를 모방해
야 한다"(4; 34).[37]

고전주의의 질병분류학은 가령 '식물학 분류 도감'의 경우와
마찬가지로, 각각의 질병이 —『백과전서』를 모범으로 삼아 '알
파벳순'을 따라 정렬된— 표 안에서 차지하는 위치를 정하는 것
이다. 이 위치의 확정과 관련되어 분류의학의 두 번째 특성이
드러난다. 분류의학이 개별 질병들을 분류하는 기준은 **유사성**
ressemblance 및 **차이**의 **정도**이다. 이는 **유비**類比, analogie의 논리이다.

---

[37] 소바주가 인용한 '영국 의학의 아버지' 시드넘(Thomas Sydenham, 1624-1689)의 저작
『실천의학(*Médecine pratique*)』(trad. fr., t. 1, 1784, p. 88)을 재인용.

세 번째 특성은 고전주의의 질병분류학이 식물학의 모델을 따라 자연을 있는 그대로 모사하려고 한다는 점이다. 질병분류학은 자연의 질서를 인식하고 재현하고자 시도한다. 그리고 이러한 질서를 인식하는 기준이자 원리가 다름 아닌 자연의 빛, 곧 이성, 합리성이다.

"이러한 식물학의 모델은 의학적 사유와 관련하여 이중의 중요성을 갖는다. 식물학의 모델은 우선 형식적 유비의 원칙을 본질 생산의 법칙으로 전환시켜 준다. 또한 여기저기에서 재발견하고 연결시키는 의사의 지각적 관심은 내부로부터 조직화되는 존재론적 질서와 충만한 연관을 갖고 모든 징후를 넘어 질병의 세계와 대화를 한다. 질병의 질서는 생명 세계의 질서의 복사물과 다름없다. 동일한 구조, 동일한 분포 형식, 동일한 배열이 양자 모두를 지배한다. 생명의 합리성은 자신을 위협하는 것[질병]의 합리성과 동일하다. 양자는 서로서로에 대해 자연과 반反자연의 관계가 아니다. 오히려 양자는 둘 모두에 공통적인 자연적 질서에 의해 서로서로 맞물려 있고 중첩되어 있다. 질병에서 우리는 생명을 식별하는데, 이는 나아가 질병의 인식을 기초 지어 주는 것

또한 생명의 법칙이기 때문이다"(6; 37).

네 번째 특성은 공간화에서 다루어지는 대상이 자연적인 동시에 이상적·관념적인 성질을 갖는다는 사실이다.

"[1차 공간화에서] 관건은 자연적인 동시에 이상적인 종種이다. 질병이 자신의 본질적 진실을 말해 주기 때문에 자연적이고, 질병이 변이와 문제 없이는 결코 자신을 드러내지 않는다는 점에서 이상적이다"(5-6; 37).

고전주의적 분류의학의 1차적 공간화가 우리에게 제시하는 궁극의 명제는, 다른 모든 고전주의적 사유의 경우와도 같이 다음의 한 문장으로 정리될 수 있다.

"그것[의학적 시선]은 인식하기 위해 재인식해야 한다"(8; 40).

인식은 질병의 질서 곧 자연의 질서이며, 재인식은 이러한 자연의 질서를 이해하는 인간 합리성에 의해 포착된 질서이다.

고전주의 시대의 '앎'이란 오직 후자가 전자를 '올바로, 제대로, 있는 그대로' 반영하고 있는가, **재현**하고 있는가에 관한 것이다. '인식'이란 오직 '올바른 재인식'일 뿐이다.

② 다음으로, **2차적** 공간화는 질병을 '질병이 발생하는 개별적 신체 안에' 위치시키는 일이다. 이 2차적 공간화의 관건은 다음과 같다.

> "관건은 질병의 본질이, 도표 위에서 펼쳐지는 자신의 구조와 함께, 조직의 단단하고도 견고한 부피 위에서 분절되면서 그 안에 구체적 형태를 취하게 되는 이 복합적이고도 파생적인 형상들이다"(8; 40).

질병이 그 안에서 '구체적 형태'를 취하게 되는 이 형상은 질병의 본질을 드러내 준다. 이 본질은 근본적으로 시간의 변화와 무관한 것이다. 따라서 환자의 현실적 육체와 질병의 본질적 '본체'를 이어 주는 것은 국지화의 지점들도 지속의 효과도 아니며, 차라리 질병의 **특성**qualité이다. "질병과 인체를 이어 주는 것은 공간적 요소가 아니라, 오직 특성이라는 요소에 의해서이다"(11; 45). 고전주의 시대의 소바주와 멕켈Johann Friedrich Meckel, the Elder(1724-1774)의 방법론은 양적 계량화, 또는 수학적 정량화의 형식을 통한 것이 아니었다. 그들이 사용한 방법론은 근본적으로 질적인 것이었고, 그 목적은 각각의 질병에 고유한 질적 성질, 곧 질병의 **병리학적 특성**qualité pathologique을 밝히려는 것이었다. 이런 질적 접근은 다음의 질문으로 정식화된다. "질병은 무엇으로 구성되는가?"(12; 45)

이러한 작업은 사실상 1차적 공간화의 연장이다. 이러한 관념 위에서 작업하는 의사는 1차적 공간화에 의해 얻은 질병의 일반적 형상, 곧 질적 특성을 개별 환자의 증상들 안에서 섬세히 구분하고 찾아내는 자이다. 이 후자의 작업이 2차적 공간화의 실내용이다. 이런 구분 아래 고전주의의 1차적 공간화는 개별적 신체에 관련되는 모든 요소를 비본질적인 것 또는 우연적인 것으로 분류하여 배제했고, 다시 2차적 공간화 작업을 통하여 이를 재통합하려고 시도한다. 이제 의사는 각각의 개별 환자들이 가지고 있는 특성을 주의 깊은 시선으로 섬세히 식별해낼 수 있는 능력을 갖추어야 한다.

③ 마지막으로, **3차적** 공간화는 질병을 '사회적 맥락 안에' 위

치시키는 일로서, 후일 내치內治, police와 관련되는 개념이다.[38]

"우리는 주어진 특정 사회의 질병을 포위하고, 의학적으로 중요
시하며, 구분하고, 하나의 특권적인 폐쇄적 지역으로 재배치하
며, 혜택받은 자들을 위해 치료와 조정의 환경을 가로질러 재분
배하는 행위의 집합을 3차 공간화라고 부르고자 한다. … 이[3차
공간화는 다른 공간화 형식들과 비교해 볼 때, 이질적 제도들, 연
대기적 차이, 정치적 투쟁, 권리 주장과 유토피아, 경제적 구속,
사회적 대립 등과 같은 훨씬 더 다양한 교환이 일어나는 장소이
다"(14-15; 49-50).

고전주의의 분류의학, 또는 종種의 의학은 ―오늘날 우리의
눈에는 '이상하게' 보이지만― 3차적 공간화와 관련된 두 가
지 특성을 보여 준다. 우선, 질병은 본성상 보다 더 자연적이
고 '원초적인' 측면을 갖고 있으며, '문명화'가 진전된 사회일수

---

38 이상의 구분들 중 푸코가 가장 중점을 둔 것은 차라리 3차적 공간화라고 말할 수 있
다는 점에서, 이 공간화 구분이 그 중요도에 의해 구분된 것이 아니라는 점을 기억
해야 한다.

록 질병은 이러한 자신의 모습을 잃는다. 따라서, 이러한 인식에 이어지는 필연적 결과로서, 질병은 '인위적인' 장소로 이해되는 **병원**에서 적절히 치료될 수 없다. 뒤퐁 드 네무르Dupont de Nemours(1739-1827)는 자신의 『대도시의 가난한 환자들에게 제공되어야 할 원조援助에 관한 이념』(1786)에서 다음과 같이 말했다. "사실상, 병원의 어떤 질병도 순수하지 않다"(16; 51).[39] 그렇다면 질병은 병원이 아닌 어떤 장소에서 치료되어야 하는가? 오늘의 우리에게는 매우 이상하게 들리지만, 질병은 '인위적인' 병원이 아닌, 보다 '자연적인' 장소인 **가정**에서 다루어질 때 보다 적절히 치료될 수 있다. 푸코는 이러한 당시의 관념을 다음처럼 정리한다.

"질병의 자연적 장소는 생명의 자연적 장소, 곧 가정이다"(16; 51).

따라서 '가정의학'의 필요성이 대두된다. 관념은 자연의 질서

---

39 다음을 재인용. Pierre Samuel Dupont de Nemours, *Idées sur les secours à donner aux pauvres malades dans une grande ville*, 1786, pp. 24-25.

를 이해하고 따르는 고전주의 분류의학의 필연적 결론일 수 있다. 질병은 자연이 자신에게 분배한 장소, 곧 사회 속의 자연인 '가정' 안에 머물러야 한다.

"질병을 의학적으로 준비된 영역 안으로 고착시켜서는 안 된다. 질병은, 이 용어의 긍정적 용법이 그런 것처럼, 자신이 태어난 토양 안에서 '식물처럼 자라도록' 내버려 두어야 한다"(17; 52).

그리고 바로 이 점이 '환자를 치료하기 위해 의사들이 적극적으로 개입해야 하는가, 아니면 기다려야 하는가'라는 고전주의적 논쟁의 핵심 논점이다. 이는 **정치적** 입장에서 환자에게 어떤 도움을 주어야 하는가라는 문제와 긴밀히 연관되어 있다. 더불어 이는 실은 다름 아닌 **가난**의 문제, 곧 의학과 경제, 사회 및 정치가 교차하는 문제이다. 이러한 노력의 "주된 목적은 대중에 봉사하고, 국가의 부담을 경감하고자 하는 것이다"(17; 53). 따라서 이러한 노력에 투입되는 재화는 '공공재산'이고, 이렇게 재화를 투여하는 주체는 사회 또는 국가이다. 그리고, 앞선 논리로, 이처럼 국가가 질병의 치료를 위해 재정을 보조해야 하는 대상은 병원이 아니라 각각의 개별 가정이다. 이 논리에 따라, 가정에 대한 국가의 보조금액은 증가되어야 하며, 궁극적으로 병원은 폐쇄되어야 한다. 이처럼, 적어도 얼마 동안은, 고전주의의 분류의학은 가정의학의 활성화로 귀결되는 듯했다. 그러나 이런 구조는 오래가지 못했다.

"오직 가정이라는 형상만이 조직해 내는 특정 사회의 자유로운 공간 안에 용해된 의학적 경험이란 사실은 이미 암암리에 사회 전체 위에 서 있는 것이 아닐까? 가정이 개인에게 제공하는 고유한 관심, 일반화된 감시도 결국 전체적으로 보면 사회 전체와 일치하는 것이 아닐까? 따라서 의학이 원조를 적절히, 일반화된 방식으로, 항구적으로, 조화롭게 수행할 수 있기 위해서는 국가와 적절히 연계되는 새로운 의학의 개념을 상정해야만 할 것이다. 의학은 이제 국가의 과제가 되었다"(19; 55).

이러한 관념이 낳은 결과는 오늘날 '복지'와 '보건'의 개념과 상당 부분 일치한다. 근대적 복지 체계의 근본적 형태는 18세기 말–19세기 초에 이루어졌다. 혁명 초기의 프랑스에서는 환자들에게 우선 무상으로 의료를 제공하고 비용은 이후에 국가가 제공해야 한다는 관념, 의사들의 자격을 국가가 통제해야한다는 관념이 생겨난다. 후자의 경우 국가는 의사들의 직권남용에 대한 감시·감독, 자격증의 부여·박탈 등의 업무를 관장해야 한다(19; 55).

상술한 관념들이 18세기 중후반 이래 프랑스에서 의학과 관련하여 일어났던 무수한 논쟁의 근본적 배경이다(18세기 중후반의 프랑스가 대혁명, 로베스피에르의 공포정치, 반동과 혁명, 집정관과 나폴레옹의 시대였음을 잊지 말아야 한다). 임상의학이 탄생한 18세기 말의 프랑스는 혁명과 인민의 시대, 비단 의학만이 아니라 오늘날까지도 그 근본적 골격이 유지되고 있는 갖가지 근대적 제도들이 확립된 시대였다. 이러한 변화는 고전주의적 분류의학의 설 자리를 근본적으로 파괴했다. 18세기 말-19세기 초에 일어난 해부임상학의 탄생은 바로 이러한 동시대적 '의학의 정치화·사회화' 움직임과 분리 불가능한 사건이었다. 이어지는 2장 '어떤 정치적 의식'은 이미 18세기가 끝나고 **19세기 초**가 되면서 형성된 이 3차 공간화, 곧 푸코가 **질병의 제도적 공간화** spatialisation institutionnelle de la maladie라 명명한 사건을 다룬다.

2. 어떤 정치적 의식

고전주의의 분류의학에는 주도적인 분과로서의 질병분류학만이 아니라 주변적인 분과로서의 **전염병 의학**médecine des épidémies이 존재했는데, 후자는 전자와 '거의 모든 면에서 대조'된다. 이는 전염병 의학이 질병분류학의 '추상적 분류'라는 일반 원칙을 따르는 것이 아니었기 때문이다. 전염병이란 정의상 '갑자기 많은 사람들이 동시에 앓는 질병'이고, 이는 불가피하게 '사회적 불안정'을 초래하며, 전염병의 이런 측면은 필연적으로 '사회적 · 정치적' 층위를 포함하게 된다. 푸코에 따르면, 의학의 이러한 사회적 측면은 '분류의학의 아버지'로 불리는 영국 시드넘Thomas Sydenham(1624-1689)의 논리에서도 이미 그 싹을 찾아볼 수 있다.

"분류적 사고의 선구자로서 시드넘은 동시에 무엇이 질병의 지리적 · 역사적 의식이 될 수 있는가를 마찬가지로 정의했다. 시드넘의 '체질'은 자율적인 본성이 아니라, 토양의 성질, 기후, 계절, 강수량, 건조도, 전염병 창궐지역, 기근 등과 같은 자연적 사건들의 특정 집합이라는 —마치 이행하고 있는 매듭과도 같은— 복합체이다"(21; 58).

"마치 전반적이지만 결코 반복되지 않는 일회적인 특정 현상에 대한 집단적 지각작용이 하나의 본질이 다양한 현상들 속에서 끊임없이 자신의 정체성을 드러내 주는 개별적 지각작용에 대립될 수 있는 것처럼, 전염병 의학은 분류의학과 대립된다"(25; 63-64).

"이런 지각작용의 근거는 어떤 특정 유형이 아니라, 특정 상황들이라는 핵심이다"(22; 59).

푸코는 바로 이 전염병 의학에서 3차 공간화의 가장 중요한 계기가 형성된다고 주장한다. 달리 말해, 자연적·사회적 '상황'을 고려할 수밖에 없는 전염병 의학은 사람들 사이에서 질병이 퍼지는 **시간적 계열** 혹은 **인과관계**에 관심을 기울일 수밖에 없고, 따라서 의학과 정치 사이의 관계에 대한 새로운 개념 정의 및 **국가 차원의 집단적인 의학 의식**을 요청하게 된다. 이는 보다 포괄적인 동시대의 '내치' 개념과 상호 작용하는 새로운 **사회의**

학 및 이를 뒷받침하는 **의학행정**이라는 개념을 발생시킨다.

"결국, 질병을 분류해야 하는 이 3차적 형상[3차 공간화]이 관건으로 떠올랐을 때, 사회적 구조에 대한 의사의 통제 및 사회적 경험, 전염병 의학과 분류의학은 의학의 정치적 지위에 관련되는 새로운 규정, 정보·통제·구속, 그리고 '의학의 고유한 심급에 속하는 모든 것들, 곧 내치와 관련된 대상들 모두를 포괄하는' 항구적 과제를 담당하는 국가 차원에서의 의학적 의식意識의 구성이라는 동일한 요구에 직면하게 된다"(27; 64. 인용자 강조).**40**

'내치'란 '외치外治'가 아닌 것, 곧 외교와 국방을 제외한 국내의 모든 것을 말한다. 현재 논의의 맥락을 따르자면, 오늘날의 행정·보건·복지 등이 서로 분리되어 나오기 이전 국가과제 일반을 다루는 학문을 지칭했던 16-19세기의 개념이다. 이제 의학은 무엇보다도 내치의 대상, 곧 국가의 소관 사항이 된다. 이

---

40 중간 작은따옴표 부분의 인용은 다음의 재인용. Le Brun, *Traité historique sur les maladies épidémiques*, 1776, p. 126.

제 '내치'와 관련된 의학은 더 이상 개인의 신체 및 사회 혹은 국가와 무관한 추상적이고 무균질적인 공간 안에 그 자체로 존재하는 어떤 것이 아니라, 개인(신체)·사회·국가의 **교차점** 위에서 스스로를 구성하는 어떤 것이 되었다.

> "결국, 의사란 육체의 사제가 아닌가? … 이익과 무관한, 통제된, 공적 활동이 되면서 의학은 무한한 방식으로 자신을 완성시킬 수 있게 될 것이다. 의학은 이제, 육체적 비참을 완화하는 과업을 수행하면서, 예전 '교회'의 영적 소명召命과 결합되어 '교회'의 세속적인 모방으로서 자신의 모습을 형성하게 될 것이다. 이제 육체의 건강을 도맡는 의사들의 군대는 영혼의 구원을 지키는 사제들의 군대에 상응하는 역할을 맡게 될 것이다"(32-33; 72-73).

19세기 초의 의학사가 과르디아J.-M. Guardia는 이러한 대체 과정을 "건강이 구원을 대체했다"(201; 314)라는 말로 명확히 정식화했다. 이때의 건강은 이미 분류의학의 건강이 아니라, 사회의학의 건강이다. 이전 시대의 '종교적 구원'이 대혁명 이후의 '사회적 건강'이 된 것이다. 이에 따라 질병은 이제 더 이상 하느님의 섭리 또는 징벌의 도구가 아니며, 질병을 다루는 의학 역시 세속국가가 처리해야 할 사회적 과업, 곧 '내치'의 과제로서 인식된다.

푸코에 따르면, 1793년 이전의 시기 곧 프랑스 대혁명 초기에 새로운 의학적 의식을 불러일으킨 것은 고전주의 의학의 지배적 분과이던 분류의학이 아니라 부차적인 것으로 인식되던 전염병 의학이며, 1803년 이후 집정 정부에 의해 이루어진 의료 활동의 재조직화에 따르는 근본적 변화 곧 임상의학의 탄생 역시 바로 이러한 새로운 의학 의식의 구성이라는 기반 위에서만 가능한 현상이었다. 마찬가지로 푸코는 이어지는 비샤에 의한 병리해부학과 임상의학의 통합, 그 결과로 나타난 임상의학의 해부임상의학에 의한 대체, 그리고 결정적으로 브루세에 의한 열병 개념의 새로운 규정 및 이에 따르는 지식 체계 전체의 변화 역시 바로 이러한 기반 위에서만 가능한 것이었다고 주장한다.[41]

---

41 푸코는 이후 1977-1978년의 콜레주 드 프랑스 강의에서 이러한 관점을 발전시켜 개인의 신체(corps)에 집중하는 해부정치(anatomo-politique) 및 인구(population)에 집중하는 생명관리정치(bio-politique)라는 '이중적' 개념을 고안하게 된다. 이 강의록은

한편, 내치와 관련된 새로운 사회의학의 주요 과제들 중 하나는 다름 아닌 정상과 비정상을 가르는 문제이다. 이미 18세기 말 대혁명 당시의 혁명가·의사 랑테나François Xavier Lanthenas (1754-1799)는 자신의 책 『건강, 도덕, 행복에 관련된 자유의 영향력』(1792)에서 이를 다음과 같이 정리한다. "결국, 의학은 자신이 차지해야 할 자리를 차지하게 될 것이다. 의학은 자연인과 사회인에 대한 인식을 다루게 될 것이다."[42] 랑테나의 인용 이후에 이어지는 단락은 푸코 사유의 근본적 관심을 선언적 명제의 형식으로 보여 준다. 푸코 스스로가 『임상의학의 탄생』을 '명백히 **정치적인** 저작'이라고 말했듯이, 이하의 단락은 『임상의학의 탄생』이 『광기의 역사』와 『감시와 처벌』을 잇는 하나의 문제의식, 곧 **정상/비정상의 분할 메커니즘**에 관한 저작임을 분명히 드러내 준다.

'내치'의 개념에 관련된 중요한 참고서적이다. Michel Foucault, *Sécurité, Territoire, population: Cours au Collège de France. 1977-1978*, Hautes Etudes, Paris: Gallimard-Seuil, 2004; 미셸 푸코, 『안전, 영토, 인구: 콜레주드프랑스 강의 1977~78년』, 오트르망 옮김, 도서출판 난장, 2011.

[42] François Xavier Lanthenas, *De l'influence de la liberté sur la santé, la morale, et le bonheur*, 1792.

"의학적 지식의 다양한 형식들이 어떻게 그리고 어떤 양식을 통해 '건강'과 '정상성'이라는 실증적[긍정적] 관념에 연결되는가를 결정하는 것이 중요하다. 매우 일반적인 방식으로 말해 보자면, 우리는 18세기 말까지는 의학이 정상성보다는 건강에 대해 훨씬 더 많이 언급했다고 말할 수 있다. … 반면, 19세기의 의학은 건강보다는 정상성을 향해 훨씬 더 집중되어 있다"(35; 76-77).

이러한 정상/비정상의 구분 메커니즘은 푸코에 의해 단순히 의학 내지는 사회의학이라는 좁은 영역 내에 머무르지 않으며, 동시대인 18세기 말-19세기 초에 탄생한 근대 인간과학 일반의 작동원리로서 간주된다.

"우리가 집단과 사회의 삶, 생명과 인종의 삶, 심지어는 '심리학적' 삶에 대해 말할 때, 우리는 단순히 조직된 존재에 내재적인 구조structure interne de l'être organisé만이 아니라, 정상적인 것과 병리적인 것이라는 의학적 이분법biopolarité médicale du normal et du pathologique에 대해 생각하게 된다"(36; 77-78).[43]

3. 자유로운 장

당시의 '병리학적' 종의 의학과 '사회적' 종의 의학 사이의 대립이 오늘날 그리 눈에 띄지 않는 이유는 양자가 '전적으로 열려 있는 의학적 경험의 장을 구축해야 한다'는 동일한 요청을 공유하고 있었기 때문이다. 이렇게 공유된 요청은 **정치적 이데올로기**의 요구와 **의학적 기술**의 요구 사이의 수렴 현상을 불러일으켰다. 구체적 표현은 다르더라도, 양자의 근본 목표는 의사들의 동합 조합, 병원에 대한 의과대학의 우월적 지위, 나아가 병원이라는 제도 자체 등 의학의 투명한 제도화를 방해하는 모든 것을 철폐하라는 요구였다(38-39; 80-81).

"보는 시선이 지배하는 시선이다"(38; 81). 푸코는 이러한 당대의 요구가 관철되는 영역을 '병원 구조에 대한 의문'과 '의료행위와 교육에 관한 법률'이라는 두 측면으로 구분한다.

---

43 이는 물론 푸코의 스승인 캉길렘의 다음 책으로부터 강력히 영향받은 것이다. Georges Canguilhem, *Le Normal et le pathologique*, 1943/1966; 조르주 캉길렘, 『정상적인 것과 병리적인 것』, 여인석 옮김, 그린비, 2018.

1) 병원 구조에 대한 의문

대혁명 이후인 1789-1791년 동안 존속했던 **국민의회**Assemblée Nationale가 1789년 설립한 **빈민위원회**Comité de Mendicité는 경제전문가와 의사의 자문을 동시에 받았는데, 그들의 견해에 따르면, '질병이 치유될 수 있는 유일한 장소는 사회적 삶의 자연적 환경, 곧 가정'이었다. 빈민위원회의 이런 생각은 근본적으로 '질병에 대한 중앙 집중화된 사회적 의식'이라는 주제의 연장이다(38-39; 82-83).

> "가정이 공감이라는 자연적 의무에 의해 불행한 자들과 연결되어 있다면, 국가는 원조를 제공해야 하는 사회적·집단적 의무에 의해 그들과 연결되어 있다"(39; 83).

따라서 당시 유물론적 철학자·의사이던 카바니스Pierre Jean Georges Cabanis(1757-1808)가 제안한 **행정관-의사**médecin-magistrat의 관념은 이 시대의 사유를 상징적으로 보여 주는 용어이다. 의사는 이제 기술자로서의 자신의 역할 이외에도, 구호의 재분치 과정에서 경제적 역할, 재분배 과정에서의 도덕적 및 준-사법적 역할을 수행해야 한다. 바로 이렇게 해서 의사는 이제 '공중 건강의 수호자, 도덕의 수호자'가 된다(40-41; 85).[44] 그러나 이 모든 생각과 실천은, 오늘 우리의 피상적 인상과는 정반대로, 당대 프랑스의 현실에서 병원의 역할을 강화하는 것이 아니라 약화시키는 결과를 낳는다. 프랑스 대혁명은 급진 자코뱅 산악당과 온건 지롱드당을 막론하고 모두 병원의 무용성無用性 및 해악론에 입각한 병원 철폐론에 동의하게 한다. 공화력 2년(1793-1794) 8월의 한 토론회에서 정치가·법률가인 바레르Bertrand Barère(1755-1841)는 유명한 말을 남긴다. "온정이 넘칠수록, 병원이 많아진다." 바로 이러한 정신의 영향 아래 혁명가 생쥐스트Louis Antoine de Saint-Just(1767-1794)는 이런 말을 남긴다. "인간은 직업을 위해서도, 병원을 위해서도, [강제로 수용되는] 시료원施療院을 위해 만들어진 것도 아니다. 이 모든 것들은 끔찍한 것들일 뿐이다"(43; 89).[45]

---

[44] 말미의 인용은 다음의 재인용. Pierre Cabanis, *Du degrè de certitude de la médecine*, 1891(3e éd.), p. 135, p. 154.

[45] 다음의 재인용. Saint-Just, in Buchez et Roux, *Histoire parlementaire*, t. XXXV, 1837, p. 296.

2) 의료행위와 교육에 관한 법률

18세기 초, 1707년 3월에 공포된 마를리 조례décrets de Marly는 18세기 내내 의료 실천 및 의사의 교육에 관한 기본적 지침으로 간주되었다. 그러나 마를리 조례는 18세기 중후반이 되면서, 특히 대혁명이 일어나면서 근본적인 개혁의 요구를 맞이하게 된다. 이는 근본적으로 의학적 지식의 재구성이라는 요구와 기존의 특권을 폐지하라는 요구, 곧 국가에 의한 효율적 건강 관리라는 요구 사이의 긴장이라는 형태로 구체화된다. 이러한 긴장 또는 갈등은 푸르크루아Antoine-François de Fourcroy(1755-1809)의 '고딕적[시대착오적] 대학과 귀족주의적 아카데미'의 부활에 대한 공포라는 표현 안에서 잘 드러난다(48; 95-96).[46]

그러나 혁명력 2년(1793-1794)에 일어난 **테르미도르 반동**으로부터[47] **집정정부**(1795-1804)에 이르기까지[48] 새로운 원칙으로 제

---

46 다음의 재인용. Antoine-François de Fourcroy, *Rapport sur l'enseignement libre des sciences et des arts*, an II(1793-1794), p. 2.

47 테르미도르(Thermidor)의 반동은 프랑스 혁명기인 1794년 7월 27일(혁명력 제2년 테르미도르 9일)에 일어난 반란으로, 쿠데타로 인하여 로베스피에르파가 몰락하고 공안 위원회의 독재가 해체되어 공포정치를 종결시킨 사건이다.

48 집정정부(執政政府) 또는 통령정부(統領政府, Consulat)는 총재정부(總裁政府, Directoire, 1795년 11월 2일부터 1799년 11월 9일까지 존속) 이후 나폴레옹의 쿠데타에 의해 1799년

시되던 것을 **입법의회**(1791-1792)가[49] 다시 들고 나왔는데, 이는 기본적으로 개인에 대한 의학적 관찰과 의과대학의 시험제도 및 일상적인 치료 사이의 일관성을 유지하는 문제, 나아가 가시적인 것과 언표 가능한 것 사이의 불일치 문제, 달리 말해 가시적인 것을 표현할 언어가 부재했다는 문제였다.

"우리는 오직 시선에만 제공되어 아는 것을 파롤[말]에 의해 복원하는 방법을 몰랐다. 보일 수 있는 것이 말로 표현될 수도 가르쳐질 수도 없었다"(51; 98).

11월 9일부터 1804년까지 존속되었던 프랑스의 정부이다. 나폴레옹이 황제에 오르면서 폐지됐다. 통령정부에서는 제1통령, 제2통령, 제3통령이 나라를 운영하였으며, 1802년 8월에는 나폴레옹이 종신통령의 자리에 올랐다. 권한은 모두 세 명의 통령에게 똑같이 분할되었으나 쿠데타로 집권한 제1통령 나폴레옹의 권한이 가장 막강하였고, 상대적으로 제2통령과 제3통령의 권한은 더욱 위축되었다. 제1통령은 내정, 외교와 군사, 제2통령은 사법, 제3통령은 재정을 담당하였다.

49 입법의회(Assemblée nationale législative)는 프랑스 혁명 시기인 1791년 10월 1일부터 1792년 9월 5일까지 있었던 프랑스 왕국의 입법의회이다. 프랑스 최초의 입헌군주제 정권하의 회의였다. 일원제로 '헌법제정 국민의회'(입헌의회)에 의해 제정된 〈1791년 프랑스 헌법〉에 따라 소집되어 '8월 10일 사건' 이후 국민 공회를 위한 의원 선거를 실시하고 해산했다. 정식 명칭은 '입법국민의회'이고 '입법의회'는 약어이다. '입헌의회'와 '입법의회'는 같은 '국민의회(Assemblée nationale)'에서 정권의 변화가 있었던 후 '국민공회(Convention nationale)'가 된다.

이는 기본적으로 현실의 실천 및 관념의 변화를 표현해 줄 새로운 지각 체계 및 언어가 부재했었기 때문이다. 의학적 인식과 제도는 여전히 이전 시대의 관행을 답습하고 있었다. 필요한 것은 어떤 세부 사항 또는 개념의 개량이 아니라, 지각 및 인식 체계 자체의 근본적인 변화였다. 이를 제공한 것이 임상의학이라는 새로운 지각 및 인식의 체계이다. 사람들은 보통 이를 **계몽**Aufkälrung과 과학적 · 경제적 · 정치적 **자유주의**libéralisme scientifique, économique et politique의 도래가 초래한 결실로 생각하지만, 이는 결과를 원인으로 간주하는 것에 가깝다. 사실 계몽과 과학적 자유주의라는 거대한 신화와 그에 따르는 이데올로기적 주제는 상당 기간 동안 임상의학의 도래에 **촉매제** 역할을 했다기보다는 **방해물**로 작용한 측면이 더 크기 때문이다. 이 시대가 필요로 했던 것은 단적으로 새로운 담론의 체제, 곧 오늘 우리가 '임상의학'이라고 부르는 담론의 체제이다(51-52; 99-100).

4. 임상의학의 유구한 역사

많은 연구자들이 지적하는 대로 푸코가 사용하는 프랑스어

clinique은 영어의 clinic이 갖는 외연 및 내포를 훌쩍 뛰어넘는 보다 **포괄적** 개념이다. 우선 그것은 『임상의학의 탄생』의 영역 자 앨런 세리든의 지적대로 임상의학clinical medicine뿐 아니라, 그 교육을 담당하는 병원teaching hospital, 혹은 '진료소'라는 제도를 가리킨다.[50] 달리 말해, 거팅의 지적처럼 그것은 '임상병원이라 는 하나의 새로운 제도a new institution, the clinical hospital'이자 '그것 에 관련된 의학적 사유 및 실천의 새로운 형식 혹은 양식a new form or style of medical thought and practice associated with it'[51]이다. 이러한 **임상의학-진료소**의 탄생은 단순히 의학사에 주기적으로 반복되 었던 '경험적 관찰에로의 회귀를 보여 주는 하나의 사례' 이상 의 것으로 지식 배치의 장, **격자**格子**틀**grille, '이러한 **시선의 방향성 체계 전체**tout le système d'orientation de ce regard'가 변화한 결과·효과 이다(53; 102).

근대적 의미의 임상의학은 서양의 근대 18세기 말-19세기

---

50 Michel Foucault, *The Birth of the Clinic: An Archaeology of Medical Perception*, trans. Alan M. Sheridan Smith, New York: Pantheon/London: Tavistock 1973 and New York: Vintage, 1994, p. vii.

51 Gary Gutting, *Op. cit.*, p. 118; 개리 거팅, 앞의 책, 159쪽.

초에 확립된 것이지만, 사실 그 기원은 기원전 5세기 히포크라테스의 시기로 거슬러 올라갈 수 있다. 푸코에 따르면, 기원전 5세기 히포크라테스에 의해 확립된 그리스 의학이란 '보편적이면서도 직접적인 임상의학의 코드화 작용codification de cette clinique universelle et immédiate'이 최초로 이루어진 것이다. 그러나 이런 **히포크라테스적 코드화**는 큰 대가를 치루어야 했는데, 그것은 임상의학적 **실천**이 체계적 **이론**의 지배를 받게 되었다는 점이다.

> "히포크라테스가 의학을 체계성으로 환원한 이후, 관찰은 포기되었고 의학에는 철학이 도입되었다"(55; 105).[52]

서양의학사에서 이러한 히포크라테스적 이론의 우위, 철학에 의한 관찰의 대치라는 현상은 기본적으로 18세기 후반 근대 임상의학이 다시 나타나기 전까지 유지된다. 임상의학은 단

---

52 다음의 재인용. P. Moscati, *De l'emploi des systèmes dans la médecine pratique*, trad. fr. de l'italien par Ch. Sultzer, Strasbourg, an VII(1800), p. 13.

순히 고전주의의 분류의학만을 파괴한 것이 아니라, 서양의학사에 근본적 단절을 가져온 서양의학사의 최대 사건이다(57; 109).[53]

그렇다면 고대 임상의학과 근대 임상의학의 차이는 어떤 것일까? 푸코는 이를 다음처럼 5가지로 정리한다.

① 고대와 달리 근대의 임상의학-진료소에서 의사들은 이전 고전주의 시기의 분류의학을 기반으로 실제의 환자를 대하기 전에 질병에 대한 기본적인 **일람표**tableau를 머릿속에 갖고 있다. 결국 환자의 치료를 위해, "**임상의학은, 체질에 따라, 완전히 구조화된 하나의 질병분류학적 장을 형성해야만 한다**"(58; 110-111).

② "병원에서 환자는 자기 질병의 **주체**, 곧 하나의 **사례**cas이다. 그러나 [근대의] 임상의학-진료소에서, 여기서 문제가 되는 것은 각각의 **증례**exemple인데, 환자는 질병이 잠시 머무는 이행의 대상, 우연적 존재가 된다"(59; 111-112).

③ 근대의 임상의학은 진리의 발견이 아니라, 이미 발견된 진

---

[53] 임상의학 강좌가 제도적 차원에서 최초로 도입된 것은 [규율 권력(pouvoir disciplinaire)의 경우와 마찬가지로] 군병원이다. 1775년 스트라스부르, 메츠, 릴의 군병원에 최초의 임상의학 강좌를 개설하라는 왕의 칙령이 내려졌다.

리를 저장하고, 그렇게 발견된 진리가 자신을 체계적으로 드러
내도록 도와주는 하나의 방법론이다. 그 방법론이 다름 아닌
질병을 **명명하는**nommer 일이다. 푸코에 따르면, 질병에 '올바른'
이름을 찾아 주는 명명 작업은 지칭의 양식, 정합성의 원칙, 진
화의 법칙, 규범적 신체라는 4가지 기능을 갖는다. 이는 임상의
학이 고전주의로부터 물려받은 특성들 중 하나로, 이런 면에서
임상의학의 실천은 "하나의 **검사**examen라기보다는 차라리 하나
의 **암호해독**décryptement"이라고 말할 수 있다(59-60; 112-113).

④ 근대의 임상의학은 그 자체가 하나의 의학적 기법이라기
보다는 이전의 의학적 경험들을 모아 놓은 집적체에 더 가까웠
다. "어떤 방식으로도, 임상의학은 시선에 의해 무엇인가를 **발
견할**découvrira 수는 없으리라. 임상의학은 다만 **보여 주는 행위**
를 통해 **증명하는** 기법art de *démontrer* en *montrant*을 이중화할 뿐이
다"(60-61; 114-115).

⑤ 근대의 임상의학은 이러한 자신의 기법, 실천의 축적을 통
해 새로운 담론이 탄생할 수 있는 조건들을 숙성시키는 결과를
낳았다(61-62; 115-116).

푸코는 다음과 같은 문장으로 4장을 마무리 짓는다.

"그런데, 몇 년 후 세기말이 되자, 임상의학은 급격한 재구조화를 겪게 된다. 자신이 탄생한 이론적 맥락으로부터 떨어져 나오면서, 임상의학은 하나의 지식을 말하게 되는 장이 아니라, 스스로를 증명하고 완성하게 되는 하나의 공외연共外延적 장으로서의 장, 적용의 장을 받아들이게 된다. 임상의학은 의학적 경험 전체와 관련하여 자신의 구체적인 모습을 형성하게 될 것이다. 그러나 이를 위해서 임상의학은 여전히 자신을 교훈이라고 소리쳐 외치는 언어작용으로부터 떨어져 나온, 그리고 발견의 운동으로부터도 해방된, 새로운 힘으로 먼저 무장해야만 할 것이다"(62; 117).

5. 병원의 교훈

5장의 논의를 통해 푸코는 병원의 무용성과 폐쇄에 관한 이전의 주장이 퇴색되고, 18세기 말, 특히 테르미도르의 반동 이후 병원의 유용성과 필요성이 대두되는 과정, 보다 정확히는 기존의 병원이 **진료소**로 대체되는 과정을 그려 낸다. 여기서 반드시 기억해 두어야 할 점은 푸코 논의의 초점이 이러한 실천적·이론적·제도적 변화 자체만큼이나, 이와 관련된 **정당화 담**

론의 변화를 추적하고 있다는 사실이다.[54] 푸코는 이러한 제도적·담론적 변화를 '공화력 3년 3월 14일의 조치들', '공화력 5년과 6년의 개혁과 토론들', '카바니스의 개입과 공화력 6년의 개혁'이라는 세 개의 소제목 아래 검토하고 있다.[55]

1) 공화력 3년(1894-1895) 3월 14일의 조치들

푸르크루아는 이해에 파리 보건학교École de Santé à Paris의 설립을 위한 초안을 국민의회에 제출한다. 푸르크루아에 따르면, "의학이란 실천적 과학이므로, 의학의 진리와 그 실현으로부터 나오는 이익은 국가 전체에 돌아간다." 파리 보건학교의 모토는 '적게 읽고, 많이 보고, 많이 행하는 것'이다. 이제 의료행위

---

54 『임상의학의 탄생』은 푸코가 『광기의 역사』 이래 적어도 『말과 사물』까지는 분명히 유지하는 이중(double)의 논리, 일종의 이분법에 의해 지배된다. 이는 보기/말하기(voir/dire), 가시적인 것/언표 가능한 것(visible/énonçable) 사이의 관계론적 이분법이다. 양자는 하나가 다른 하나에 의해 환원되어 통합되거나 사라질 수 없는, 영원한 평행선을 달리는 두 개의 관계적 측면들이다. 5장 '병원의 교훈' 역시 바로 이러한 이항대립을 강조하며 시작된다. "가르치는 방식과 말하는 방식은 배우는 방식, 보는 방식이 되었다"(63; 120).

55 이하 장들의 논의는 대부분 푸코가 해당 시기의 의학과 관련된 구체적 역사적 사실들을 정리한 내용이 대부분이므로 간략한 요약의 제시에 그치고, 푸코가 이들 사태에 부여한 의미의 분석에 집중하고자 한다.

는 이전처럼 책 속이 아닌, 환자의 침상 곁에서 이루어진다. 푸르크루아가 제안하는 "진료소는 따라서 과학적 일관성만이 아니라, 새로운 의료 조직의 정치적 순수성과 사회적 유용성을 실현하는 하나의 본질적 계기가 된다." 초기의 소박함을 넘어 하나의 의학적 담론이 되기 위해서 임상의학은 자신이 '단순히 자연에 대한 복합적 지식인 동시에, 사회 속에서의 인간에 대한 인식'임을 증명해야만 했다(69-72; 129-133).

2) 공화력 5년과 6년(1896-1898)의 개혁과 토론들

그러나 푸르크루아의 제안에 뒤이어 포고된 조치들은 이러한 목적을 수행하기에는 부족한 것들이었다. 이 시기에는 이전 대학제도와 함께 사라졌던 의사협회가 다시 나타나게 되는데, 이와 동시에 의사의 자격부여 시스템에 대한 국가의 보다 엄격한 행정적 통제가 부과된다. 의사라는 직업의 지위에 대한 보다 명확한 규정과 의사라는 직업이 누릴 수 있는 특권의 범위와 한계에 대한 토론은 이 시기 논쟁의 주요한 부분을 구성하고 있었다(72-78; 134-143).

3) 카바니스의 개입과 공화력 6년(1897-1898)의 개혁

카바니스 개혁안의 주요한 논점은 **의학적 내치**police médicale의 유지 방안에 바쳐져 있다. 이를 위해 카바니스는 보건담당관의 문제 및 의사 자격시험의 문제를 검토한다. 푸코는 이 시기, 공화력 6-11년 사이에 이루어진 개혁안의 근본적 특성을 다음과 같은 4가지로 정리한다.

① 의학은 이제 과거의 조합주의적 모델을 탈피하여, 명시적으로 애덤 스미스Adam Smith(1723-1790)의 **경제적 자유주의**의 영향을 받아 '자유주의적'이면서도 폐쇄적인 특성을 갖게 된다. ② 새로이 등장한 의학의 두 주체는 전문의와 보건담당관으로, 이들의 역할과 직무는 향후 의료행위와 관련된 양적 지표의 환산을 통해 점차로 명확히 구분될 것이다. ③ 따라서 전문의와 보건담당관이 다루는 질병의 종류 역시 보다 명확히 구분된다. ④ 양자의 차이는 의학적 지식의 습득방식과 기간에 따라 달라진다. 보건담당관은 통제된 경험주의의 특성을 갖는 **실습**pratique을 통해, 전문의는 훨씬 섬세하고 복잡한 **임상의학적** 경험expérience clinique을 통해 각기 자신의 직무를 익히게 된다. 이제 양자의 직능은 엄격히 분리되어, 보건담당관에게는 실습이

배당되고, 전문의에게는 임상의학의 전수가 **제공될** 것이다(78-82; 143-148).

푸코는 근대적 '병원' 시스템의 도입에 관련된 19세기 초의 다양한 입장과 논쟁을 이처럼 간략히 정리하면서, 이를 근본적으로는 질병과 의학의 문제, 개인과 국가의 문제, 빈자와 부자의 이익과 관심이 서로 얽히며 타협하고 상충하는 복합적이고도 현실적인 문제로서 바라본다. 질병은 일차적으로는 질병을 앓고 있는 당사자 개인의 문제이자 가족의 문제인 동시에, 보다 넓게는 사회의 문제, 국가의 문제이다. 가난한 자들의 이익과 부유한 자들의 이익은 가난한 아픈 환자에게는 치료의 이익을, 부유한 자들에게는 (미래에 자신이 걸릴 수도 있는) 질병에 관련된 의학적 지식의 증대를 가져온다는 점에서 길게 보면 상호 **이익**intérêt을 가져온다(85; 153).[56] 이것이 1795-1799년 사이에 존속했던 '집정정부'의 이념이었던 **경제적 자유의 체제**régime de liberté économique가 임상의학-진료소에 관련되어 부유한 자들과 가난

---

[56] 다음에서 재인용. Du Laurens, *Moyens de rendre les hôpitaux utiles et de perfectionner la médecine*, 1787, p. 12.

한 자들이 합의한 것으로 가정했던 **계약**contrat의 모습이다.

이러한 '암묵적인, 실은 존재한 적이 없었던' 계약에 따르면, 병원은 가난한 자와 부유한 자 모두에게 공통의 이익을 가져다 주는 탁월한 기관이다. 이제 1777년 한 의사는 자신의 책에서 스스로에게 이렇게 묻는다.

"병원의 환자들은, 여러 다양한 관계들 아래, 실험 수업을 하기에 가장 적합한 주체들이 아닐까?"(84; 151)[57]

그리고 186년이 지난 후인 1963년, 푸코는 이러한 질문에 대해 다음과 같은 또 다른 질문으로 답변을 대신한다.

"그러나 알기 위해 본다는 것, 가르치기 위해 보여 준다는 것은 말 없는 폭력이 아닐까? 고통을 보여 주고자 하는 것이 아니라, 고통으로부터 벗어나기를 원하는 육체에 대해 그것이 말없이 행해진다는 사실에 의해 그러한 행위는 더욱더 큰 남용이 되는 것

---

[57] 다음의 재인용. J. Akin, *Observations sur les hôpitaux*, trad. fr., 1777, p. 104.

이 아닐까? 고통은 구경거리가 될 수 있는 것일까?"(84; 151)

이 문장은 어떤 경우에도 도덕적 뉘앙스의 발언을 극도로 자제하는 푸코의 평소 문체를 감안해 볼 때, 푸코의 진심을 직설적 화법으로 드러낸 극히 예외적인 경우에 속한다. 아마 푸코의 책 전체를 통틀어 유일한 경우인지도 모른다. 물론 그렇다고 해서 지금 푸코가 의사 개인, 또는 의사들이라는 집단에 대한 도덕적 규탄을 수행하고 있는 것은 아니다. 이러한 행위가 정당화되는 것은 보다 복합적이고 다양한 사회적·정치적 차원 그리고 무엇보다도 담론적 차원에 의한 것이기 때문이다. 이제 푸코는 다음과 같은 말로써 5장을 마무리한다.

"의사의 시선은 자유주의적 세계의 계산적 교환 안에 존재하는 궁핍한 축적의 일부가 되었다…"(86; 154).

6. 징후와 사례

이 장에서 푸코가 궁극적으로 새롭게 말하고자 하는 것은 시

선의 지상권souveraineté du regard이다. 그것은 "알고 결정하는 눈, 지배하는 눈"이다(88; 157).

1) 지식의 코드들

임상의학의 새로운 시선은 다음과 같은 세 가지 측면에서 이전과 다르다. ① 먼저, 의학의 시선은 이제 아무나에 의해서가 아니라, 제도에 의해 공인되고 지지받는 '공인된' 의사들에 의해서만 수행될 수 있다. 자격부여 담론은 늘 사실상 자격박탈 담론으로서 기능한다. ② 다음으로, 이 새로운 시선은 이전과 같은 구조의 좁은 틀을 넘어, 보다 섬세하고 정교한 방식으로 다양한 현상들을 포착할 수 있고 또 포착해야만 한다. ③ 마지막으로, 이제 임상의학의 시선은 명백히 시선에 주어진 것의 확증을 넘어, 마치 '계산기'처럼 기회와 위험을 측정할 수 있어야 한다(88-89; 158).

이를 위해 궁극적으로 요청되는 것은 새로운 지각의 틀이다.

"우선 질병의 개념이 바뀌고, 그다음에 질병을 인식하는 방식이 바뀐 것이 아니다. 마찬가지로 신호체계가 먼저 바뀌고, 그다음에 이론이 바뀐 것이 아니다. 오히려 모든 전체, 보다 깊은 층위에서는 질병이 스스로를 제공하면서 동시에 스스로가 형성되는 이 시선과 질병의 관계가 바뀐 것이다. 이런 층위에서 이론과 경험, 또는 방법과 결과의 분리란 무의미하다. 지식의 코드codes de savoir에 의해 시선과 장이 서로 연결되는 가시성의 심층 구조들을 읽어 내야 한다. 우리는 이 장에서 이 지식의 코드가 갖는 두 개의 주요한 형식, 기호[징후]의 언어학적 구조와 사례의 불확실한 구조를 탐구해 볼 것이다"(89; 159).**58**

아래에서는 '지식의 코드'가 갖는 두 가지 주요 형식들, 곧 기호의 언어학적 구조와 사례의 불확실한 구조를 차례로 살펴보자.

① **기호의 언어학적 구조**: 우선, 의학적 기호(징후)의 언어학적 구조는 증상/징후 사이의 구분을 파괴한다. 앞서 간략히 지적

---

58 가시성의 '심층' 구조 같은 표현은 이 시기(1963)의 푸코가 여전히 기본적으로 구조주의의 인식틀을 벗어나지 못하고 있음을 알려 주는 용어이다. 우리는 1969년의 『지식의 고고학』 또는 1970년 12월의 콜레주 드 프랑스 취임강연 '담론의 질서'에 이르게 되면 푸코가 심층이 없는 '표층(surface)'의 세계만을 다루는 언표 또는 담론에 대해 말하게 될 것임을 알고 있다.

했던 것처럼, 주관적 증상症狀, symptôme과 객관적 징후徵候, signe (기호)의 구별은 고전주의 시대의 분류의학에서 중요한 역할을 담당했다. 증상은 '질병이 발현되는 형태'로서 '가시적'인 것이며, 징후는 **시간**과 관련되어 '현재 일어나고 있는 것, 진행되었던 것 혹은 진행될 것을 알려 주는' 것이다. 그러나 19세기에 들어오면, 증상과 징후는 더 이상 구별되지 않는다. 곧 징후는 질병의 표지이고, 질병은 이런 표지들의 집합체에 불과하다. 달리 말해, 유기체 속에서 관찰되는 현상으로서의 증상이 징후로 인식되는 것은 오직 새로운 의학적 '의식에 의해서만' 가능하다. 이는 질병의 모든 특성이 기술적 언어에 의해 충분히 표현될 수 있고, 이른바 증상이라 불리는 특수한 관찰 현상을 어떤 질병의 기호로 변형시키는 것은 무엇보다도 의사들의 의식 자체라고 보는 관점이다.

② **사례의 불확실한 구조**: 한편 두 번째 지식 코드인 '사례의 불확실한 구조'는 —동시대의 수학자·과학자인 라플라스Pierre-Simon de Laplace(1749-1827) 등에 의해 발전된— **확률** 이론의 수학적 장치를 불규칙한 의학적 현상에 적용할 수 있으리라는 가능성의 긍정에 입각해 있다. 푸코에 따르면 이는 i) 하나의 복잡한

현상을 더 작은 단위들로 분해하여 분석할 수 있다는 가능성, ii) 유사성의 관념에 입각하여 여러 요소들 간의 사이에서 관찰되는 동일한 구조의 문제, 곧 다양한 현상이 단일한 일관성 속에 존재하는 복합적인 모습일 수 있다는 가능성, iii) 다양한 현상을 빈도에 입각하여 지각함으로써 이를 사건의 영역 안에서 인식할 수 있는 가능성, iv) 마지막으로 다양한 현상들을 가로지르는 일관된 구조에서 사례의 병리학을 구성할 수 있는 가능성이라는 네 단계를 거쳐 발전한 것이다.[59]

2) 분류의학적 '공간'으로부터 임상의학적 '시간'으로

한편, 임상의학적 방법론의 형성은 증상과 징후의 장 안에서 나타난 의사의 시선의 출현과 연결되어 있다. 이러한 형성 또는 출현에는 다음과 같은 3가지 주요한 계기들이 존재한다.

① 증상은 분리 불가능한 방식으로 의미하는 동시에 의미되는 signifiante et signifiée 원초적 층위를 구축한다.

---

[59] 한편 '복합적인 것'이 다만 '단순한 것들의 조합'에 불과하다는 사유는 의학적 사유의 기본 모델을 분류를 중심으로 하는 식물학으로부터 요소들의 조합·구성이라는 화학으로 전환시켰다.

"이제 증상을 넘어선 병리학적 본질이란 존재하지 않는다. 질병의 모든 것은 그 자체로 현상이다. 이런 의미에서, 증상은 자연의 첫 번째, 소박한 역할을 수행한다. … 증상은 이제 특정한 출현의 법칙을 따르는 현상이다. 증상은 자연에 닿아 있다"(91-92; 160-162).

증상의 구조가 보이는 이런 성질은 동시대 자연적 기호의 철학에서도 마찬가지로 발견된다. 이 같은 개념적 배치를 통한 설명방식은 동시대의 철학자 콩디야크Étienne Bonnot de Condillac (1715-1780)에게서도 나타난다. 콩디야크는 질병을 설명하기 위해 담론적 형식을 제시했다. 증상은 동시대 행위의 언어작용이 수행하는 역할을 임상의학에서 수행한다.

② 증상을 징후로 변형시킨 것은 (새로운 의학적) 의식의 개입이다. 이제 징후와 증상은 같은 것으로서, 같은 것을 말한다. 징후는 정확히 증상인 이 같은 것을 **말한다**. '증상을 시니피앙의 요소로 변형시키고, 질병을 증상의 직접적 진리로서 의미하게 만드는' 이 작업은 어떻게 이루어지는 것일까? 푸코는 이를 다음과 같은 4가지 절차로 요약한다. i) 조직의 비교를 통한 전체화하

는 작업, ii) 정상적 기능의 재기억하는 작업, iii) 연속적 계기 또는 동시성의 빈도를 기록하는 작업, iv) 마지막으로, 최초의 외양을 넘어, 신체를 탐색하고 사체 부검을 통해 가시적 비가시성을 발견하는 작업(92-93; 164-165). 요약하면, "증상이 징후로 변형되는 것은 차이 · 동시성 · 연속성 · 빈도에 집중하는 섬세한 시선에 의해서이다"(93; 165).

③ **질병의 존재는 자신의 진리 안에서 전적으로 언표 가능하다.** 피넬은 공화력 2년에 출간된 자신의 저서 『철학적 질병학』에서 콩디야크의 다음과 같은 말을 인용한다.

"그런데, 이때의 질서란 무엇인가? 자연 스스로가 질서를 가리키고 있다. 자연이 대상을 제공하는 것은 질서를 통해서이다"(95; 168).[60]

푸코는 이 자연의 '질서'를 언어작용의 문제, 곧 담론의 문제

---

60 콩디야크를 인용한 피넬의 다음 저서에서 재인용. Philippe Pinel, *Nosographie philosophique*, an II, introd. p. xi.

와 결합시킨다.

"진리의 질서와 언어작용의 질서는 하나와 다름이 없는데, 그 이
유는 양자 모두가 자신의 필연적이고도 언표 가능한 형식인 담론
적discursive 형식 안에서만 시간을 복구할 수 있기 때문이다. 소바
주가 암암리에 공간적 의미를 부여하고 있는 질병의 역사는 이제
자신의 연대기적 차원을 획득한다. 이 새로운 지식 구조 안에서
시간의 흐름cours du temps은 예전 분류의학에서 질병분류학적 도
표의 평평한 공간에 의해 수행되었던 역할을 맡게 된다"(95; 167).

임상의학의 '시간의 흐름'이 분류의학의 '질병분류표'가 수행
하던 역할을 수행한다. 이렇게 해서 자연과 시간에 대한 고전
주의적 대립은 사라지고, 질병의 **역사** 혹은 시간의 **흐름**에 대
한 인식이 대두된다. 공간적 비유에 기초한 '고전주의'의 분류
의학이 시간적 비유에 기초한 '근대'의 임상의학으로 전환된 것
이다.

이렇게 '의식에 의해 포착되는' 시간의 흐름이란 반드시 **언어
적·담론적 차원**을 수반할 수밖에 없는데, 이는 언어 혹은 담론

의 차원을 전제하지 않는 의식이란 처음부터 아예 존재할 수 없기 때문이다. 따라서, 궁극적으로 '모든 병리적 발현은 명석하고 잘 질서 지어진 언어를 사용할 것이므로' 모든 증상은 질병의 징후로서 지각될 것이다.

3) 임상의학자의 '시선'과 철학자의 '반성'이라는 쌍둥이

이런 의학적 기호의 언어학적 구조 개념은 질병의 구조와 이를 포착하는 언어 형식 사이, 곧 '언어작용(말)'과 '세계(사물)' 사이의 근본적 동형성을 전제한다.

"종의 의학에서 질병의 본성과 질병에 대한 묘사는 오직 이 두 차원을 가로지르는 '도표'라는 매개적 계기에 의해서만 일치할 수 있었다. 임상의학에서 보인다는 것être vu과 말해진다는 것être parlé은 질병의 현시顯示적 진실 안에서 단숨에 서로 소통하며, 따라서 이는 정확히 존재 전체이다. 질병은 가시성이라는 요소 안에서만, 따라서 결과적으로 언표 가능성이라는 요소 안에서만 존재한다"(95; 167).

마찬가지로, '임상의학'의 세계는 콩디야크의 '분석'의 세계와 구조의 측면에서 일치한다. '임상의학'과 '분석'이라는 상호 동형적인 두 세계 모두에서 실재의 뼈대는 '언어작용'의 모델을 따라 묘사된다.

"임상의학자의 시선과 철학자의 반성은 유비의 힘을 소유하고 있는데, 이는 그들 양자 모두가 동일한 하나의 객관성 구조를 전제하고 있기 때문이다. 이 객관성 구조에서 존재의 전체성은 시니피앙–시니피에의 표명 안에서 소진되고, 가시적인 것과 표명된 것은 적어도 잠재적인 하나의 동일성 안에서 만나며, 지각된 것과 지각 가능한 것은 엄격한 형식 아래 자신의 기원을 언표하는 하나의 언어작용 안에서 전면적으로 복원될 수 있다. 지각작용에 대한 철학자의 담론적 반성작용과 의사의 반성된 담론적 지각작용은 모두 정확히 동일한 하나의 중첩 속에서 만나게 되는데, 이는 양자 모두에게 세계가 단지 언어작용의 유비analogon du langage이기 때문이다"(96; 169).

이 단락은 철학이라는 인간과학의 영역과 임상의학이라는

자연과학의 영역의 변형이 **동시적으로** 일어난다는 푸코의 기본적 주장을 따른 것으로, 경제적·물질적 토대가 먼저 바뀌고 관념적·정신적 상부 구조가 이를 뒤따른다는 마르크스주의의 테제를 부정하는 푸코 고유의 테제가 잘 드러나는 부분이다.

4) 카바니스의 원칙들

카바니스의 새로운 면모는 '임상臨床'의학이라는 번역어가 잘 드러내듯이, 아리스토텔레스와 히포크라테스 이래의 '이론'이 아닌, 실제 또는 실천 곧 **사례**cas의 중요성을 부각시킨 것이다. 푸코는 카바니스의 원칙을 ① **조합의 복잡성**, ② **유비의 원칙**, ③ **빈도(주기)의 지각**, ④ **확실성 정도의 계산**의 4가지로 정리한다. 이들 원칙은 의학의 영역에 각기 이론적 명쾌함을 대체하는 실제 임상 사례들의 복잡성, 동질성이 아닌 차이에 기초한 사유, 실증적인 통계적 계산, 이론적 연역이 아닌 경험적 귀납의 영역이 도입되었음을 의미한다. 이러한 원칙들의 존재를 통해 오늘 우리는 근대 임상의학의 탄생을 위한 조건이 하나씩 마련되고 있음을 알 수 있다.

7. 보기/알기

임상의학의 탄생은 아리스토텔레스와 히포크라테스 이래 서양의학의 '이론' 중심주의를 파괴하는 사건이다. 1808년 코르비사르는 아우엔부르거의 『흉부 내부의 질병을 인식하기 위한 새로운 방법』의 프랑스어 번역판에 붙이는 자신의 서문에서 이렇게 선언한다. "환자의 침상 옆에서 모든 이론은 늘 침묵하거나 사라진다"(107; 186).[61] 실제가 말하기 전에 이론으로 현상을 판단해서는 안 된다. 의사는 개별 사례의 유일성을 철저히 존중해야 한다. "자신의 판단을 형성하기 전에 정신의 차분함과 상상력의 침묵 속에서 지금 현재 진행 중인 의미관계가 드러나기를 기다릴 줄 아는 성숙한 관찰자는 얼마나 드문가!"(107-108; 186)[62]

푸코에 따르면, 임상의학적 시선은 '**장면의 지각**perçoit un spectacle이 곧 **언어작용의 청취**entendre un langage'라는 역설적 속성을 갖는다. "임상의학에서, 드러나는 것은 원래 말하는 것이다"(108;

---

61 다음의 재인용. Corvisart, 'Préface à la traduction française d'Auenbrugger', *Nouvelle méthode pour reconnaître les maladies interne de la poitrine*, 1808, p. vii.

62 다음의 재인용. Corvisart, *ibid.*, p. viii.

187). 따라서 잘 보는 것은 잘 듣는 것, 나아가 잘 정확히 말하는 것이다. 관찰이 경청이며, 정확한 묘사이다. 이제, 임상의학은 다음과 같은 3가지 방법을 통해 환자와 의사 사이에 공통적인 '만남의 장소'라는 코드를 확정하고자 한다. ① **관찰에서 나타나는 언표적 계기와 지각의 계기의 주기적 교체**, ② **시선과 언어작용 사이의 상관관계를 확고한 형식으로 정의하려는 노력**, ③ **철저한 묘사라는 이상**. 이 3가지 코드들은 궁극적으로 세 번째 코드, 곧 '철저한 묘사'로 수렴된다. 그런데, 푸코에 따르면, 임상의학이 이러한 '실재에 대한 철저한 언어적 묘사'라는 꿈·이상의 정당화를 위해 제공한 설명은 오히려 '거대한 신화'에 가까운 것이다. 푸코는 이 '신화'를 다음처럼 요약한다.

"자신의 과학적 규범 및 방법론을 정의하려는 임상의학적 사유의 노력 아래에는 순수한 '언어작용'과 다름없는 순수한 '시선', 곧 말하는 눈이라는 거대한 신화가 활보하고 있다. … 말하는 눈은 사물의 하인이자, 진실의 주인이 될 것이다.

이렇게 해서 우리는 이런 주제를 둘러싸고 하나의 의학적 비의祕儀, ésotérisme가 절대적으로 개방된 실천과 과학이라는 대혁명의 꿈을 따라 구축될 수 있었다는 사실을 이해하게 된다. 우리는 이제 오직 우리가 '언어작용'을 인식하는 한에서만 가시적인 것을 본다. 사물은 말들의 닫힌 세계 안을 꿰뚫어 보는 이들에게 제공된다. 그리고 말이 사물과 소통한다면, 그것은 말이 사물의 문법에 내재적인 하나의 [동일한] 규칙에 복종하기 때문이다"(115-116; 197).

실재적 현상과 언어적 기술 사이에 존재하는 '철저한 묘사'라는 이상 또는 신화는 모두 가시성과 언표 가능성 사이의 **궁극적인 교환 가능성**을 전제하고 있다. 이러한 사유의 궁극적 대전제는 다음과 같은 요청이다. "모든 **가시적인 것**은 **언표 가능**하다. 또한 그것이 전적으로 가시적일 수 있는 이유는 그것이 전적으로 **언표 가능하기** 때문이다"(116; 198-199).

푸코에 따르면 임상의학의 이러한 새로운 언어작용/봄의 '신화'는 다음과 같은 4가지 특성을 갖는다. ① 이러한 인식론적 신화의 첫 번째는 질병의 알파벳 구조와 관련된다. ② 임상의학의 시선은 질병의 존재에 대해 유명론적唯名論的, nominaliste 환원을 수행한다. ③ 임상의학적 시선은 병리학적 현상에 대해 임상의학적 유형의 환

원을 수행한다. ④ **임상의학적 경험은 탁월한 감수성과 스스로를 동
일시한다**(119-122; 201-208).

임상의학이 전제하는 암묵적인 신화는 '질병 존재의 구성 형
식과 언어작용은 구조적으로 동일한 문법을 따른다'라는 근본
적 대전제 아래, 알파벳 순서로 정렬 가능한 질병의 배열 구조,
질병에 대한 유명론적 환원에 따라 훈련된 의사의 섬세한 감수
성, 이전의 눈과 귀를 넘어 촉진觸診을 가능케 한 손가락의 비유
등으로 구성된다.

변화한 것은 지식을 구성하는 조건, 곧 지식의 코드로 이해되
는 가시성/언표 가능성 사이의 관계, 달리 말해 자연/언어작용,
말/사물, 질병/질병을 묘사하는 언어 사이의 관계 자체이다. 이
렇게 해서, 징후의 의학은 점차로 퇴조하고, 해부병리학에 맞
추어진 새로운 임상의학에 그 자리를 내준다. 비샤의 시대가
온 것이다.

8. 시체를 몇 구 열어 보세요

푸코는 8장의 도입부에서 임상의학의 탄생을 병리해부학과

연결시키는 대중적 이미지가 역사적인 허구임을 밝힌다. '한밤에 몰래 공동묘지에 침입하여 오늘 죽은 사형수의 시체를 훔쳐 가는 정열적인 의학자'라는 이야기에 기초한 이러한 해석은 18세기 중반 '구체제Ancient Régime' 말기를 중세 말기와, 19세기 초 '계몽Aufklärung'의 시대를 르네상스와 혼동하는 역사적 오류이다. 19세기 초는 이미 시체 해부가 모든 사람들에게 허용된 지 오래였다. 아마도 한 세대 아래인 19세기 중후반에 활동한 역사가 미슐레Jules Michelet(1798-1874)가 그 신화적 차원을 부가한 것으로 보이는 이러한 '설화'는 사실상 전혀 역사적 사실에 부합하지 않는다. 임상의학의 탄생 조건은 병리해부학과의 결합 안에서가 아니라, 지금까지 살펴본 것처럼, 먼저 임상의학의 일정한 형식이 등장하고 뒤이어 이를 비샤 등이 해부학과 결합시키면서 탄생한 **해부임상의학**anatomo-clinique에서 찾아야 한다(125-126; 212-214).

1) 표면의 시선

비샤를 비롯한 인물들에 의해 변형된 것은 어떤 특정 내용이나 개념이 아니라, **가시성의 형식들**formes de visibilités 자체이다. 그리고 잊지 말아야 할 것은 이러한 변형이 낡은 의학적 믿음과 새로운 의학적 지식 사이의 갈등에서 파생된 것이 아니라, 동시대 의학적 지식의 두 형식 사이에 존재하던 대립에 의해 파생된 것이라는 점이다(127; 215). 동시대적 지식의 두 가지 형식이란 18세기 중후반을 기준으로 하여 당시 존재하던 두 가지 의학적 사유방식, 곧 모르가니Giovanni Battista Morgagni(1682-1771)로 대표되는 **해부학**과 비샤로 대표되는 **임상의학**이다. 해부학과 임상의학의 정신은 근본적으로 상이하다.

1761년에 출간된 이탈리아의 해부학자 **모르가니**의 『질병의 환부와 원인에 대한 해부학적 연구*De sedibus et causis morborum per anatomem indagatis*』에 나타난 방법론은 증상이 일어난 장소 또는 환부 등과 같은 개념이 잘 보여 주듯 명백한 공간적 비유 또는 국부局部주의에 입각해 있다. 병리해부학의 첫 번째 저작으로 간주되는 스위스의 해부학자 보네Théophile Bonet(1620-1689)의 『부검실례剖檢實例, *Sepulchretum seu anatomia practica*』(1679)와 마찬가지로, 모르가니에게도 질병분류학적 해부학의 원칙은 여전히 **해부학적 분산작용**dispersion anatomique이다. 그러나 비샤의 『막의 특성에 대하여*Traité des membranes en général et de diverses membranes* *en particulier*』(1799)에서 시작되어 『생리학과 의학에 적용된 일반 해부학*Anatomie générale appliquée à la physiologie et à la médecine*』(1801)에서 체계화되는 중요한 원칙은 '동시에 기관의 내부, 기관들 사이에, 기관을 넘어 존재하는' 인체 공간을 어떻게 **해독**하는가에 관련된 원칙이다.

> "비샤는 모르가니와 그의 선구자들이 수행했던 해부학을 지배한 기관에 따른 다양화 원칙principe de diversification을 '외부의 동시적 형성, 구조, 생명체의 고유한 속성 및 기능에 따른 동시적 동일성'에 기초한 조직의 동형성 원칙principe d'isomorphisme des tissus으로 대치했다"(129-130; 218. 인용자 강조).

모르가니와 비샤는 '구조적으로 매우 다른' 지각의 두 방식을 대표한다.

> "모르가니는 인체의 표면 아래에서 다양한 형상이 질병을 특징 짓는 기관의 두께를 지각하고 싶어 한다. 비샤는 유기체의 부피를 동질적인 [세포] 조직의 거대한 표면으로, 2차적 변형이 자신

의 근본적 친연관계를 찾아낼 동일성의 평면으로 환원하고 싶어 한다. 비샤는 『막의 특성에 대하여』에서 기관들을 가로지르고, 감싸며, 다양화시키고, 구성하며, 해체하고, 분석하는 동시에 연결시키는 해부학적 유사성의 층들을 따라 이루어지는 인체에 대한 상반되는 독해를 부과한다. ··· 비샤는 엄격한 의미의 분석가이다. 기관의 부피를 조직의 공간으로 환원하는 것은 아마도 —이는 콩디야크의 '분석학'을 글자 그대로 적용하는 것이다— 자신이 의존하는 수학적 모델에 가장 가까운 작업일 것이다. 비샤의 눈은 임상의학자의 눈인데, 이는 비샤가 표면의 시선 regard du surface에 절대적인 인식론적 우위를 부여하기 때문이다"(130; 218).

임상의학의 시선은 심층의 이론적 시선이 아니라, 임상의 표면적 시선이다. 그러나 비샤가 말하는 표면의 시선이 동시대의 임상의학이 말하는 표면의 시선과 완전히 일치하지는 않는다. 동시대 임상의학의 표면이 일정 부분 암암리에 분류표를 전제한 표면이었던 반면, 비샤가 말하는 표면의 시선은 이를 탈피하게 만드는 새로운 **표면성**superficialité 위에 기반하고 있었기 때문이다. 실로, 표면은 비샤에 이르러 이전과는 다른 전혀 새로운 의미를 얻게 된다.

> "비샤 덕분에, 표면성은 막이라는 현실의 표면 안에서 자신의 구체적인 모습을 얻게 된다. 조직의 층들이 임상의학을 규정하는 이 표면의 시선에 대한 지각적 상관물을 형성한다. 관찰 주체의 구조이던 표면이 훗날 의학적 실증주의가 자신의 기원을 찾아내게 될 현실적인 간극에 의해 관찰되는 대상의 형상이 되었다"(130; 219. 인용자 강조).

2) 분류에서 환부로

따라서 푸코 논의의 초점은 비샤가 이룩한 '가시적인 것과 비가시적인 것의 한계가 새로운 소묘를 따르는' **질병의 인식론적 재조직화**réorganisation épistémologique de la maladie의 분석에 놓여 있다(199; 310).[63] 개리 거팅의 지적대로, 비샤는 표면의 시선에 '특

---

[63] 하지만 역설적으로, 일반적으로 임상의학의 발전에 있어 '결정적인 것'으로 평가되곤 하는 '병리해부학과 임상의학의 통합'은 임상의학 발전의 거의 최종 단계에 이르러서야 나타난 현상임을 잊어서는 안 된다.

권을 부여'하는 동시에 그것을 '해부학적 맥락에 위치시킴으로써, 그 시선의 의미를 의미심장하게 변화'시킨 인물이며, 비샤 이후 의학적 분석은 '더 이상 언어나 혹은 언어로 전환될 수 있는 지각의 단위가 아닌, 질병의 실제 원인을 찾는' 행위가 되었다.[64]

이어지는 단락에서 푸코는 비샤의 작업에 의해 달라진 것, 곧 이전까지 존재했던 '증상의 상호관계에 대한 단순한 고찰이 질병의 해부학적 위치를 밝히는 작업으로'의 변형이 초래한 결정적 효과를 추적한다. 푸코에 따르면, 이러한 변형은 질병이 더이상 '(사실상 너무나 다양한) 증상들의 어떤 특정한 집합'이 아닌, '특정한 해부학적 병변病變, lesion'이라는 것을 의미하며, 따라서 '증상들의 연대기적 계열은 병변 공간의 분기分岐, ramification de l'espace lésionnel'에 속하게 되었다. 이를 한마디로 표현하면 다음과 같은 명제를 얻게 된다.

"분류分類, classe의 관념이 환부患部, siège의 관념에 의해 결정적으

---

64 Gary Gutting, *Op. cit.*, p. 128; 개리 거팅, 앞의 책, 171–172쪽.

로 대체되었다. 이미 비샤는 이렇게 말한 적이 있다. '만약 고통의 환부가 아니라면, 도대체 관찰이란 무엇일까?'"(141-142; 233-234)[65]

고전주의 분류의학의 '분류' 개념은 근대 임상의학에 이르러 '환부'의 개념으로 대체되었다. 이는 서양의학사에 나타난 아리스토텔레스, 히포크라테스, 갈레노스 이래의 철학적·신학적 함축을 갖는 **'개념의 우위'**가 표면의 시선으로 대표되는 경험적·임상적 **'임상실천의 우위'**로 전환된 결정적 사건이다. 이러한 전환의 의학사적 의미를 1836년 부이요Jean-Baptiste Bouillaud (1796-1881)는 자신의 『의료철학 및 의학적 임상 일반에 대한 시론試論』에서 다음과 같이 정식화했다.

"만약 의학에 하나의 공리公理가 있다면, 그것은 환부가 없이는 질병도 없다는 것이다. … 질병의 환부를 확정하는 것 혹은 위치

---

65 비샤의 인용은 다음의 재인용. Xavier Bichat, *Anatomie générale appliquée à la physiologie et à la médecine*, t. I, 1801, p. xcix.

를 결정하는 일은 근대 의학이 이루어 낸 가장 멋진 정복 중 하나
이다"(142; 233).[66]

3) 죽음과 '생기론'

푸코에 따르면, 이렇게 논의의 중심을 분류로부터 환부로 바
꾸는 비샤의 작업, 달리 말해 질병분류학을 기초 지으려는 병
리해부학의 작업은 다음과 같은 두 가지 근본적 문제 내지는
'반박'에 봉착하게 된다. ① 조직의 공간적 공존 및 증상의 시간
적 전체를 접합시키는 문제로, 이는 해부학에 의해 드러난 '공
간적' 현상들의 동시적 집합체를 외적 증상들의 '시간적' 계열
에 어떻게 연결시킬 것인가라는 문제이다. ② 죽음과 그것의
생명 및 질병과의 관계에 대한 엄격한 규정으로, 이는 사후의
시체 해부에 의해 드러난 것 중 어떤 것이 '생전'의 질병 진행에
의한 것이며, 어떤 것이 '사후'에 진행된 현상인가를 결정해야
하는 문제이다.

---

66 다음의 재인용. J.-B. Bouillaud, *Essai sur la Philosophie Médicale et sur les Généralités de la Clinique Médicale*, 1836, p. 259.

푸코에 따르면, 전자인 ①에 대하여 비샤는 건강한 시체와 병으로 사망한 시체 사이의 단순 비교를 통하여 해부학적 병변의 '진정한' 위치를 확정하였다. 이것이 분류의 관념이 환부의 관념에 의해 대체된 이유이다.

"이제 질병은 더 이상 인체의 표면 여기저기에 흩뿌려져, 통계적으로 관찰 가능한 연속적 계기 및 공존에 의해 서로 연결된, 특성들의 다발이 아니다. 질병은 우리가 한 걸음 한 걸음 추적할 수 있는 특정의 지형을 따라 서로 맞물려 있는 파괴되거나 변화된, 위치가 옮겨진 요소들, 사건들, 형상들, 변형들 및 형식들의 집합이다. 질병은 이제, 가능한 경우, 인체에 삽입된 특정의 병리학적 종이 아니다. 이제 아픈 것은 인체 그 자체이다"(138; 228-229).

이는 어떤 개별적 관념이나 개념이 아니라, 질병을 지각하고 인식하는 근본적 층위, 곧 지식의 코드, 지식의 배치라는 보다 일반적인 층위의 변화이다.

"해부임상의학을 탄생시키며 변화된 것은 따라서 인식하는 주체와 인식되는 대상 사이의 접촉 표면이 아니다. 변화한 것은 상호적 위치들을 결정짓는 지식의 보다 일반적인 배치, 그리고 인식해야만 하는 존재와 인식의 대상이 되어야 하는 존재 사이의 상호적인 놀이이다. … 그것은 축적·심화·교정·세련된 제반 인식의 수준이 아니라, 지식savoir 자체의 수준에 나타난 새로운 주형鑄型이다"(139; 230. 인용자 강조).

이러한 변화는 기존 의학의 세련화가 아닌, 전혀 새로운 의학, 곧 해부임상의학의 탄생을 가져왔다. 푸코는 해부임상의학의 **새로운 규칙들**을 다음처럼 세 가지로 정리한다. i) 해부임상의학은 증상적 동일성의 방법론을 우리가 **격자** 또는 **지층**地層들 strates이라 부를 수 있을 분석으로 대체했다. ii) 의학적 경험은 **빈도(주기)의 기록**을 **고정된 지점의 확정**으로 대체했다. iii) 이렇게 고정된 지점과 연결된 증상의 **연대기적 계열**은, 부차적 현상이라는 형식 아래, **상해를 입은 공간의 분기** 및 그에 고유한 필연성에 맞추어 조정된다(139-141; 230-233).

따라서, 해부임상의학의 지각작용에 대한 분석은 임상의학의 본질적으로 시간적인 독해를 변화시키는 위치의 확정, 핵심

초점, 원초적 지점이라는 세 가지 참조점을 드러내게 된다. 결국, **병리학적 친연성의 구조들**structures de la parenté pathologique을 규정하려는 임상의학적 관심에서 파생된 새로운 의학적 지각작용은 **위치결정의 형상들**figures de la localisation을 확정하는 일을 자신의 과업으로 삼게 된다. 이러한 작업의 결과가 앞서 말한 '분류'로부터 '환부'로의 중심축 이동이다(142; 233).

그리고 이러한 변화는 다시 필연적으로 후자인 ②에 연관되면서, 근대 해부임상의학 탄생의 '결정적 계기'로 작용하게 된다. 푸코에 따르면, 임상의학의 탄생을 초래한 '거대한 단절'을 가져온 비밀은, 역설적이게도, 비샤에 의해 도입된 **죽음에 대한 새로운 관념**에 놓여 있다.

> "생명에 대한 인식은 자신의 기원을 생명의 파괴destruction, 자신의 대극對極 안에서 발견하며, 질병과 생명이 자신의 진리를 말하는 것 또한 죽음 안에서이다"(148; 241. 인용자 강조).

르네상스 이래 18세기까지 이어져 내려왔던 전통적 인식, 곧 생명의 인식이 '생명체의 본질'에 전적으로 의지한다는 인식이 비샤와 더불어 극적으로 변화한 것이다.

"생명, 질병, 죽음은 이제 기술적이고 개념적인 삼위일체를 구축
한다. 생명 안에 질병의 위협을 위치시키고, 질병 안에 죽음에 근
접한 현존을 위치시켰던 수천 년에 걸친 강박관념이 보여 준 오
랜 지속성은 이제 끊어진다. 대신 그 자리에, 그 최정점에 죽음이
자리하는 세 개의 형상이 새롭게 형성된다. 우리가 유기체의 의
존성 및 병리적 계기를 분석할 수 있는 것은 죽음이라는 정점을
통해서이다. … 죽음은 연결을 해체함으로써 연결을 드러내 주
고, 부패의 엄격함을 통해 발생의 경이를 폭발하게 만들어 주는
위대한 분석가이다. 그리고 우리는 이 부패décomposition라는 용
어가 자신의 의미가 갖는 무게에 의해 스스로의 난관에 봉착하도
록 놓아두어야 한다. … 이제 살아 있는 눈의 시선은 더 이상 존
재하지 않는다. 이제 존재하는 것은 오직 죽음을 본 눈의 시선일
뿐이다. 생명의 매듭을 푸는 거대하고 흰 눈"(146-147; 239).

따라서, 비샤의 생기론生氣論, vitalisme은 서양의학사에서 '죽음'
의 관념, 그리고 늘 죽음의 반대편에 있는 것으로 가정되었던

'생명'의 관념, 그리고 양자 사이에 존재하면서 생명을 죽음으로 이끄는 '질병'의 관념 모두를 바꾼다.

"비샤는 의학적 지각작용과 사유에 하나의 본질적인 구조를 형성했다. 그것은 생명에 대립하는 것, 생명이 드러내는 것이자, 그것의 살아 있는 대립, 곧 생명인 것과의 관계, 그것이 분석적으로 드러나는 것과의 관계, 곧 참인 것이다"(147; 240).

결국, 생기론의 비밀은 필멸론必滅論, mortalisme(사기론死氣論)이다.

"생기론은 이런 필멸론의 기초 위에서 출현한다. … 카바니스에게 … 생기론과 반反생기론은 질병의 경험 안에서 이런 생명의 근본적인 우선성에 의해 상호적으로 탄생한다. 그러나 비샤에 이르게 되면, 생명의 인식은 자신의 기원을 생명의 파괴, 자신의 극단적 대립자 안에서 찾게 된다. 질병과 생명이 자신의 진실을 말하는 것은 죽음에 대해서이다. 이 진실은 동화작용을 있는 그대로 그려 내는 죽음의 순환에 의해 무기물을 향한 모든 동화작용으로부터 보호되는 진실, 환원 불가능한 진실, 특별한 진실이다. 생명을 그 기원의 심연에 이르기까지 밀고 나간 카바니스는 너무나도 자연스럽게, 생명을 죽음과의 관계에 의해서만 사유한 비샤보다 기계론적이었다. 르네상스 말기로부터 18세기 말까지, 생명에 대한 지식은 자신을 위로 접하며 스스로를 비추는 생명의 순환에 사로잡혀 있었다. 비샤 이후로 생명에 대한 지식은 생명으로부터 거리를 취하고, 자신이 생명을 바라보는 거울에 비추며, 죽음이라는 건널 수 없는 한계에 의해, 생명으로부터 떨어져 나온다"(148; 241).

이 단락을 이해하기 위해서는 푸코의 근본 테제를 이해해야 한다. 푸코는 서양의 지식이 르네상스 16세기 이후 오직 두 번의 단절만을 겪었다고 말하는데, 첫 번째 단절은 르네상스와 고전주의를 가르는 17세기 중반의 단절이며, 두 번째 단절은 18세기와 19세기의 전환기에 일어난 고전주의와 근대의 단절이다. 위 인용문에 나타난 카바니스와 비샤 사이의 단절은 인식론적 층위에서 정확히 의학사에 있어서의 고전주의와 근대의 단절에 상응한다. 고전주의와 근대의 단절은 철학의 경우 가령 라이프니츠Gottfried Wilhelm Leibniz(1646-1716)와 칸트 사이의 단절로 대표될 수 있는데, 이 경우 관건이 되는 것은 무한과 무한의 상대 개념으로 따라 나오는 유한 관념에 대한 인식의 차이이다. 라이프니츠는 근본적으로 무한을 **인식 가능한 것으로서** 바라본다. 물론 인간이 갖는 유한한 인식은 하느님의 섭리라는 무한의 불완전한 반영이다. 시기상 조금 앞서는 스피노자Baruch Spinoza(1632-1677)와 마찬가지로, 라이프니츠 역시 참다운 지식을 '전체적인' 지식으로, 오류를 '부분적' 지식으로 본다. 무한한 하느님은 완전하고, 유한한 인간은 불완전하다. 하지만 무한한 하느님의 형상을 따라 만들어진 인간은 부족하나마 무한을 이해할 수 있는 특별한 유한이다. 인간은 자신의 이성을 따라 하느님이라는 무한을 이해할 수 있다. 하느님은 완전한 이성, 인간은 불완전한 이성이다. 따라서 하느님에게는 정의상 오류가 있을 수 없으며, 인간은 늘 오류의 가능성을 가지고 있는 존재이다. 결국, 인간은 자신의 이성을 사용하여 무한을 있는 그대로 이해할 수 있다.

그러나 칸트는 무한, 이 경우에는 물자체를 근본적으로 **인식 가능하지 않은 것**으로서 바라본다. 유한한 인간은 무한한 하느님을 이해할 수 없다. 인간이 이해할 수 있는 것은 다만 그러한 무한이 인간에게 드러나는 현상일 뿐이다(물론 칸트는 현상이 인간에게 드러나는 '형식 자체의 보편성'을 여전히 주장하는데, 이는 니체에 와서야 확실히 파괴된다). 무한을 알 수 없는 인간이 무한에 대해 말하는 것은 이성의 남용이자 월권이다. 따라서 인간의 인식 대상은 유한의 세계, 현상現象의 세계, 비샤와 푸코의 용어로 바꾼다면, 표면表面의 세계에 엄격히 한정되어야 한다. 인간은 표면(유한)을 넘어선 심층(무한)을 이해할 능력이 없다. 이제, 인간이 무엇인가를 이해하기 위해서는 그 대상이 되는 무엇인가가 무한히 펼쳐진 것이어서는 안 된다. 인식의 대상은 이제 유한한 것, 한정된 것이어야만 한다. 그리고 인간이 인간을 인식할 때, 인간은 인식의 주체인 동시에 대상이 되므로, 인식의 주체/대상인 인간 역시 한정되어야 한다. 비샤가 의학에 도입한 것은 멀리는 히포크라테스와 갈레노스 이래, 가까이는 모르가니와 카바니스에 이르는 무한의 사유를 '막膜'이라는 표면의 한정작용, 한계limitation를 통해 유한한 것으로 만든 전환이다. 철학의 칸트와 마찬가지로, 해부학의 비샤는 실로 이제까지 부정적인 것으로만 인식되던 **한계를** 인식의 긍정적 가능 **조건으로** 만든 인물이다. 여기서 유의할 점은 해부학자 비샤가 철학자 칸트의 인식론을 자신의 영역에 '적용'하여 자신의 해부임상학적 사유를 창안한 것이 아니라는 사실이다. 칸트와 비샤는 활발한 활동 시기가 **18세기 말**로 정확히 겹치는 동시대의 인물들이다. 칸트의 유한성의 분석학과 비샤의 해부임상의학은 **동시대적** 현상이다.

이는 실로 고대 이래 서양의학의 근본적 **우선순위**가 뒤바뀐 것이라 해도 과언이 아니다. 이론이 아니라 실천이고, 일반 개념이 아니라 구체적 상황이며, 심층이 아니라 표면이다.[67] 이제 8장을 마치며 푸코는 비샤가 도입한 서양의학사의 '거대한 단절'을 한 줄의 시詩와도 같은 다음의 문장으로 정리한다.

"서양의학사의 거대한 단절은 정확히 임상의학적 경험이 해부임상의학적 시선으로 변화한 바로 그 순간으로부터 기원한다. …

---

67 다음도 참조하라. "이제, 설령 의학적 진단이 여전히 신체적 질병분류의 문제라 해도, 이러한 분류 행위는 더 이상 어떤 원초적 사실이 아니며, 오히려 해부학적 병변의 위치결정에 관한 사실들로부터 유도되는 그 무엇이다"(Gary Gutting, *Op. cit.*, p. 128; 개리 거팅, 앞의 책, 174쪽). 물론 이를 이념/현상, 이론/실천이라는 플라톤의 가치론적 이분법을 단순히 '역전'시킨 것으로 보아서는 곤란하다. 이는 니체적 의미의 근원적 가치전도(Umwertung)로서 기존 놀이의 이항대립적 규칙 자체를 파괴하고, 놀이의 새로운 규칙, 곧 새로운 놀이를 창안하려는 시도로 읽어 마땅하다.

살아 있는 밤이 죽음의 빛으로 스러져 간다"(149; 242-243).[68]

9. 가시적 비가시성

1) '생명-질병-죽음'의 삼위일체

이런 '생명-질병-죽음'의 연대기적 삼위일체 안에서(158, 161; 255, 259) 질병의 증상은 이제 더 이상 질병의 직접적 지표가 아니며, 오직 신체 내의 병변에 대해 언급하는 한에서만 의미를 갖는 '어떤 무엇'이다. 이제 표면의 증상을 직접적으로 독해하는 이전과 같은 2차원적 독법이 아니라, 이를 신체 내부의 사건 및 구조와 연관 지어 고찰할 수 있는 새로운 3차원적 독법이 필요하게 된다. 푸코는 '해부임상학 및 그로부터 도출되는 모든 의학을 지도하는' 이러한 새로운 형식의 '지각적인 동시에 인식론적인 구조'를 **비가시적 가시성**의 구조structure de l'invisible visibilité

---

68 이 문장에서 반드시 기억할 만한 또 하나의 지점은 푸코가 이를 '의학사'의 단절이 아닌 '서양의학사(histoire de la médecine occidentale)'의 단절이라고 명확히 한정 짓고 있다는 사실이다. 이는 실질적인 첫 저작인 1961년의 『광기의 역사』부터 마지막 저작인 1984년의 『성의 역사』 2, 3권에 이르기까지 일관되게 유지되고 있는 푸코 사유의 예외적 탁월함이다.

라고 부른다(169; 270). 푸코는 이러한 비가시적 가시성의 구조가 갖는 몇 가지 원칙을 ① 조직의 소통 원칙, ② 조직 간 비非침투성의 원칙, ③ 나선형 침투의 원칙, ④ 조직 발병 양식의 특이성 원칙, ⑤ 변이의 변이 원칙(151-155; 246-251)의 5가지로 정리한다.

2) 병리학적 생명

이제 질병은 더 이상 '외부로부터 도입된 성질 또는 사건'이 아니며, '내부로 굴절되는 기능 안에서 스스로 변형되는 생명'이다. 질병은 '생명 내부의 일탈'이다. 따라서, '생명을 공격하는 질병이라는 관념'은 '훨씬 엄격한 **병리학적 생명**vie pathologique의 관념'에 의해 대치되어야 한다. 질병은 더 이상 어떤 외재적 성질 또는 '무질서'가 아니며, 생명의 특정한 내재적 형식으로서 이해되어야만 한다(155-156; 251-252). 질병은 '정확히 신체의 생명이 취하는 특정한 방향이라는 의미에서' 그리고 '생명 자체가 죽음에 대해 내재적 관계를 맺는다는 한에서' 생명의 한 형식이다(148; 241-242).[69]

한편, 죽음에 관련되는 해부임상학적 시선은 또한 자신의 상관항으로서 개별 **사례**에 대한 새로운 관점을 이끌어 낸다. 기존의 초기 임상의학의 관점에서 개별적 사례, 곧 환자는 질병의 본질적 특성과는 무관한 존재로서 제거되어야 했다. 그러나 이와 반대로 해부임상학적 경험에서 환자는 오직 개별성의 측면에서만 정당하게 다루어질 수 있다.

"시드넘에서 피넬까지, 질병은 자연[본성] 또는 사물의 질서가 문제시되는 합리성의 일반 구조 안에서 자신의 모습과 원천을 갖고 있었다. 비샤 이후로, 병리적 현상은 생명이라는 기초 위에서 지각되었고, 이런 과정을 거쳐 구체적 형식에 연결되면서, 특정한 유기적 개체 안에 포착된 모습으로서만 나타날 수 있었다"(156; 252-253).

이러한 인식의 변화는 질병의 위치결정 작용에 의해 '질병의

---

69 비샤의 생기론은 『생명과 죽음에 관한 생리학 연구』(1800)에 등장하는 다음 명제 안에 가장 잘 드러나 있다. "생명은 죽음에 저항하는 기능들의 집합이다"[Xavier Bichat, *Recherches physiologiques sur la vie et la mort*, Paris: Brosson, Gabon et Cie, 1800, pp. VIII-1800, pp. IV-449; de notes par F. Magendie, Paris: Béchet jeune et Gabon, 1822(4e éd. augm.), pp. XXVI-538].

공간'이 '환자의 신체적 공간'과 전적으로 일치하게 되었기 때문에 가능해진 것이다.

"자연적이든 인위적이든, 징후를 확립한다는 것은 살아 있는 육체의 위로 해부병리학적 측정의 그물망을 던지는 것, 미래의 사체 부검을 명확치 않은 방식으로 그려 내는 일이다. 따라서 문제는 겹겹이 깊은 층을 이루고 있는 것을 표면 위로 드러내는 일이다. 증후학은 이제 더 이상 독해가 아니며, **투사投射, projective 병리해부학의 구축을 가능하게 해 주는 이런 기법들의 집합이다.** 임상의학자의 시선은 병리적 사건들의 연속 또는 평면 위에 놓인다. 이 시선은 통시적인 동시에 공시적이어야 하지만, 어떤 경우에도 시간에 대하여 예속적인 것으로 자리 잡아야 한다. 이 시선은 특정 계열을 분석한다. 해부임상의학자의 시선은 특정의 부피[용량]를 확정해야 한다. 이 시선은 의학에서는 처음으로 3차원적인 것으로 나타난 공간적 소여所與[주어진 것]의 복잡성에 직면하게 된다. 이렇게 해서 임상의학의 경험은 보이는 것과 읽히는 것이 뒤섞인 골격의 구축을 함축하게 됨에 따라, 새로운 증후학은 이제까지 배제되었던 의학적 기법들을 포함하는 다양한 도해들이

협력해야 하는 일종의 감각적 삼각측량triangulation sensorielle을 요청하게 되었다. 듣기와 촉진觸診이 시선에 덧붙여진 것이다"(166; 265-266).

이제, "의학적 시선은 이후로 만지고, 듣고, 나아가 본질이나 필연성이 아닌, 보기와 같은 다양한 감각들을 사용하는 구조를 갖게 된다"(168; 268).

3) 보기/읽기의 놀이

이로부터 서양의학에서 보이는 것과 보이지 않는 것 사이의 새로운 놀이, 놀이의 규칙이 확립된다. 이와 같은 새로운 보기의 놀이는 새로운 읽기의 놀이를 동시에 탄생시킨다. "가시성의 원칙은 그 상관항으로서 사례들의 차이화 읽기의 원칙을 갖는다"(172; 273). 사례의 차이에 집중하는 이러한 읽기는 개별 환자의 신체를 읽는 행위이다. 이는 환자의 신체적 공간이 이제 추상적인 일반성의 공간이 아닌, 구체적인 임상적 개별성, 개체적, 개인적 공간으로 인식되기 때문이다. 이러한 인식의 전환은 다음과 같은 결과를 낳게 된다.

"해부임상학의 방법론은 개별적 변조變調, modulation individuelle의 항구적 가능성을 질병의 구조 안으로 통합했다. … 오직 개별적인 질병만이 존재한다. 하지만 이는 개인이 자신의 질병에 반응했기 때문이 아니라, 질병의 운동이 오직 개별성의 형식 안에서만 충분히 발현되기 때문이다.

이로부터 의학의 언어작용에 대한 새로운 성찰이 주어진다"(172-173; 273-274).[70]

이제 개별자에 대한 학문적 탐구의 불가능성을 주장했던 아리스토텔레스의 오랜 교의는 깨어지고, 개별자의 과학이 '가능'

---

[70] 이후 1975년의 『감시와 처벌』에서 푸코는 이러한 테제를 발전시켜 개인의 정신을 통제하는 정상화(normalisation) 기제에 대한 비판을 수행한다. "아마도 아리스토텔레스적인 질문을 이렇게 제기해 보는 것이 올바른 태도일지 모른다. 즉 개인에 대한 학문이 과연 가능하고 정당한 것인가를. 거창한 문제에는 거창한 해답이 적합할 수 있다. 그러나 '임상의학적'인 과학의 영역에 포함될 수 있는 것이 18세기 말 출현하게 되었고, 그러한 출현과 관련된 사소한 역사적 문제가 엄연히 존재한 것이 사실이다. 물론 지식의 영역 안에서 개인의[더 이상 종(種)이 아니라] 등장에 따른 문제와, 학문적 담론의 일반적 기능 안에서 개별적 기술이나, 취조사항, 병력(病歷) 구술과 '개인별 서류작성'의 등장에 따른 문제가 있다"[Michel Foucault, *Surveiller et Punir*, Paris: Gallimard, 1975, p. 192; 미셸 푸코, 『감시와 처벌: 감옥의 탄생』, 오생근 옮김, 나남, 2016(번역개정판 1쇄), 297-298쪽].

하게 된다. 보다 정확히는 '요청'된다. 이는, 역설적이게도, 개별자의 종말이자 파괴로 인식되던 죽음이 근대에 들어와 지식의 배치가 바뀌면서 개별자의 과학을 가능케 한 결정적 인자가 되었음을 의미한다. 이는 보이는 것과 보이지 않는 것 사이의 새로운 놀이가 죽음과 생명 그리고 질병 사이의 관계에 대한 새로운 언어작용을 가능케 했음을 의미한다.

"언어작용과 죽음은, 이러한 의학적 경험의 모든 층위와 두께 속에서, 그토록 오랫동안 가시적 비가시성으로 남아 있던 것, 곧 금지된 것이자 내재적 비밀, 곧 개체에 대한 지식을 과학적 지각작용에 제공하는 데에 큰 역할을 수행했다.
개별자는 생명이 나타나는 최초의 또는 가장 날카로운 형식이 아니다. 개체가 드디어 지식에 주어지는 것은 언어작용의 특정한 용법 및 죽음이라는 난해한 개념화를 결정적 도구로 갖는 긴 공간화 운동의 마지막에서이다"(174-175; 276).

4) 죽음, 진실과 서정
이러한 새로운 놀이의 규칙은 비단 의학의 영역에 한정되어

머물지 않으며 미술, 예술, 문학 등 전방위적으로 펼쳐진다. 비샤의 해부임상학은 서구 문명사 자체의 근본적 전환으로 읽어야 한다.

"비샤는 결국, 언어작용의 가장 담론적 형태 속으로 에로티시즘과 그 불가피한 정점으로서의 죽음을, 단번에 도입한 어떤 이[사드Marquis de Sade, 1740-1814]와 동시대인이 아니었던가? 다시 한번, 지식과 에로티시즘은 이 만남을 통해 자신들의 깊은 친연성을 우리에게 알려 준다. 18세기의 마지막 몇 해 동안, 이 상호 귀속성은 죽음 앞에 언어작용이라는 무한한 재시작과 과업을 열어 보여 주었다. 19세기는 죽음에 대해 고집스럽게 말하게 되리라, 고야Francisco Goya[1746-1828]의 거세된 야생적 죽음, 제리코Théodore Géricault[1791-1824]에게서 보이는 조각 같은, 근육질의, 가시적 죽음, 들라크루아Eugène Delacroix[1798-1863]에게서 보이는 불타는 관능적 죽음, 흥건한 감정적 토로의 라마르틴Alphonse de Lamartine [1790-1869]적 죽음, 보들레르Charles Pierre Baudelaire[1821-1867]의 죽음을. 생명의 인식은 오직 죽어 버린 생명을 욕망하는, 이미 지옥과도 같고 환원적인, 잔인한 지식에만 주어진다"(175; 277).

이제 문학적인 서정성과 과학적 엄밀성이 뒤섞인 자신만의 문체를 보여 주었던 『광기의 역사』의 저자 미셸 푸코의 문체는 점점 더 시적으로, 서정적인 동시에 서사적으로 변해 간다.

"죽음은 자신의 비극적인 하늘을 떠났다. 자, 이제 죽음은 인간의 서정적 핵심, 인간의 보이지 않는 진실, 인간의 보이는 비밀이 되었다"(176; 278).

10. 열병의 위기

브루세의 혁명 ─ 공간적 탐구의 확립

마지막 10장은 해부임상의학이 자신의 기본적 모습을 확정 지은 시기를 다룬다. 이 시기는 프랑스의 의사 브루세François Broussais(1772-1838)의 『만성염증의 역사*Histoire des phlegmasies chroniques*』[71]가 출간된 1808년으로부터 콜레라에 대한 논쟁이 이

---

71 저작의 완전한 제명은 『새로운 병리해부학적 · 임상의학적 관찰에 기초한 만성염증의 역사(*Histoire des phlegmasies ou inflammations chroniques, fondée sur de nouvelles observations de clinique et d'anatomie pathologique*)』이다.

를 이었던 1832년까지 거의 25년에 이른다.

이러한 시대 구분이 잘 보여 주고 있는 것처럼, 푸코는 근대 의학을 특징짓는 해부임상의학의 마지막 장을 완성한 인물을 브루세로 본다. 브루세는 1808년 출간된 『만성염증의 역사』에 이어, 1816년 『일반적으로 인정되고 있는 의학 교의의 검증 *Examen de la doctrine médicale généralement admise*』을 출간한다. 브루세의 기본적 관심은 **열병**熱病, fièvre에 있다. 어원학적으로 열병을 나타내는 프랑스어 fièvre는 라틴어 februare, 곧 '제의를 통해 죽은 자의 그림자를 집에서 쫓아내는 행위'에서 왔으며, 이는 곧 열병이 전통적으로 '정화淨化의 목적을 위해 몸에서 분비물이 나오는 하나의 운동'으로 이해되어 왔음을 의미한다. 따라서 열병은 질병의 징후가 아니라, 질병에 대한 저항의 징후이자 '죽음으로부터 멀어지려 노력하는 생명의 정동'이다. 따라서 열병은 엄밀한 의미에서 '건강에 유익한' 가치를 갖는다(182; 285).

푸코에 따르면, 비샤와 비샤의 후계자들은 다음과 같은 두 가지 문제에 직면했다. ① 먼저, 질병의 존재 및 질병이 상해傷害의 현상이 맺는 관계라는 문제가 있다. ② 두 번째로, 다음과 같은 일련의 질문들이 제기될 수 있다. 모든 질병이 자신과 상관적인 상해를 갖는가? 각각의 질병에 하나의 환부를 할당하는 것은 병리학의 일반 원칙인가, 아니면 병적 현상을 보이는 특정 집단에만 해당되는 것인가? 그리고 이 경우, 우리는 병리해부학의 영역에 진입하기 이전에 (유기체적 장애/비非유기체적 장애와 같은 식의) 질병분류학적 유형의 분류에 입각한 질병의 연구를 시작할 수 없겠는가?(177-179; 280-282)

1809년 젊은 세대와 새로운 학풍을 대표하던 에밀라시옹 학회Société d'émulation는 저 유명한 질문을 던진다. "우리가 특별히 기질성으로 간주해야 하는 질병들은 어떤 것인가?" 이에 대한 응답은 7년이 지난 1816년 브루세의 『일반적으로 인정되고 있는 의학 교의의 검증』에서야 이루어진다. 브루세의 답변은 비샤의 앞선 작업과 대비하여 두 가지 '결정적 변형'을 가져왔는데, 거팅은 이를 다음처럼 정리한다.

"① 첫째, 가시성과 위치결정 사이의 우선순위가 역전되었다. 비샤에게 질병은 해부학적 탐색에 대하여 가시적이기 때문에 그 위치가 결정되었다. 브루세 이후, 하나의 유기체적 장소 내에서의 위치결정은 그 결과로서 가시성이 따라 나오는 근본적 국면이 된다. ② 둘째, 브루세는 '질병의 국부적 공간을 … 즉각적으로, 하나의 인과적 공간'으로 만든다. 비샤에게 어떤 질병의 국부적 장소는 단순히 질병의 공간적·시간적 기원의 지점에 불과하다. 브루세에게, 이 장소에서 일어나는 것(특히 조직의 자극·과민상태)은 질병의 원인이며, 이는 이제 사실상 기관 장애[병변]에 뒤따르는 ―아마도 온몸에 퍼져 있는― 결과 이외의 어떤 실재성도 갖지 않는 것이다. '질병은 이제 자극적 원인에 반응하는 조직의 일정한 복합적 운동에 지나지 않으며, 병리적인 것의 모든 본질이 놓여 있는 곳은 바로 이곳이다.'"[72]

이제 가시성과 위치결정의 우위는 역전되었다. 중요한 것은 더 이상 질병의 가시성이 아닌 신체 내에서의 질병의 **위치결정**이다. 브루세에 의해 질병은 전적으로 신체 **공간**에 속하는 것이 된다. 질병은 오직 **국부적인**local 것일 따름이다. 브루세는 질병 분류학의 기존 공리들을 파괴함으로써, 의학에 전혀 새로운 하나의 장, 곧 전적인 **공간적 탐구** 및 **국부적 가치**라는 장을 열었다

72 Gary Gutting, *Op. cit.*, pp. 132-133; 개리 거팅, 앞의 책, 177쪽.

(192; 300). 오직 공간에 의해서만 규정되는 질병, 어떤 본질도 갖지 않는 질병의 관념이 확립되었다. 이제 병리학의 본질을 구성하는 것은 오직 어떤 '본질적 질병'도, 어떤 '질병의 본질'도 존재하지 않는다는 사실뿐이다. 질병이라는 **존재**être는 사라졌으며, "이것이 1816년의 위대한 발견이다"(193-194; 302).[73]

푸코는 이러한 사건의 의미를 인식론적 지층, '지식의 코드'라는 층위에서 다음처럼 정리한다.

> "1816년 이후, 의사의 눈은 질병에 걸린 유기체에게 말을 걸 수 있게 되었다. 근대 의학적 시선의 역사적·구체적 아 프리오리가 구성을 끝마쳤다"(197; 307).

---

[73] 그에 따라, 신체와 독립적인 실체적·외부적 질병의 관념은 완전히 사라졌다. 따라서 열병 자체가 사라진다. "질병의 공간은 … 유기체의 공간 자체이다. 병적인 것의 지각은 신체를 지각하는 하나의 방식이다"(196; 305). 한편 푸코는 브루세가 '공감' 혹은 '방혈'과 같은 구시대적 관념으로 돌아간 부분에 대해 비판받는 것은 당연하지만, 이러한 부분적 사태가 브루세의 전체적 업적을 가려서는 안 된다고 주장한다 (196-197; 305-307).

5장
『임상의학의 탄생』 결론

푸코는 다음과 같은 언급으로 결론 부분을 시작한다.

"우리가 방금 읽은 책은 관념사의 너무도 잘못 구조화하거나 또는 거의 구조화되지 않은 영역에 대한 방법론적 시도이기도 하다.
… 분석의 방향을 전환해야 한다. 변화한 것은 가시성의 형식들 formes de visibilité이다. 의심의 여지 없이 비샤가 최초의 정합적 판단을 보여 준 새로운 의학적 정신은 심리학적·인식론적 순수화의 질서에 기입되지 않는다. 그것은 가시적인 것과 비가시적인 새로운 윤곽을 따르는 질병의 인식론적 재조직화와 다르지 않다. 고통의 밑바닥에 존재하는 심연 및 고통 자체에 다름 아닌 무엇

인가가 언어작용의 빛 속에서 솟아올랐다. 이 빛은 의심의 여지 없이 [사드의 소설] 『소돔의 120일Les Cent Vingt Journées de Sodome』 (1785), 『쥘리에트Juliette』(1799-1801) 그리고 [고야의 연작] 〈전쟁의 참화Los Désastres de la Guerra〉(1810-1815)를 밝힌 같은 날의 그 빛 이다"(199; 310-311).[74]

푸코는 비샤와 브루세에 의해 이루어진 근대 해부임상의학 이 이전 고전주의 분류의학과의 단절을 가져왔다고 말한다. 이 때 변화한 것은 어떤 개별적 관념 혹은 인식이 아니라, 이러한 관념과 인식을 가능케 한 근본적인 지식의 코드들, 가시성의 형식들이다. 이러한 변형이 질병의 인식론적 재조직화를 가능 케 했다. 한편, 푸코는 의학의 영역에서 일어난 비샤와 브루세 의 단절이 동시대 문학의 영역에서 사드가 가져온 단절과 동시

---

[74] 〈전쟁의 참화〉는 고야(Francisco de Goya, 1746-1828)의 회화 및 판화로 이루어진 연 작으로, 1808년의 도스 데 마요(Dos de Mayo) 봉기, 그에 이은 1808-1814년의 (나 폴레옹 프랑스에 대항한) 스페인 독립전쟁, 1813-1814년 부르봉 왕가 페르난도 7세 (Fernando VII, 1784-1833)의 복권을 위한 일련의 전쟁 동안 벌어진 참화를 그린 작품 이다. 영어본 '결론(Conclusion)' 부분 195쪽의 Soya는 Goya의 오기이며, 마찬가지로 199쪽 역주 [1]의 "세 작품은 모두 사드의 것이다"라는 표현 역시 명백한 오류이다.

적·상관적인 현상이라는 주장을 펴고 있다. 이는 **과학/문학의 동시적 변형**을 주장하는 푸코 특유의 입장이다.[75]

"현재의 관건은 의학의 영역, 그리고 병이 든 개인에 대한 고유의 인식이 몇 년 사이에 구조화되었던 방식이다. 임상의학적 경험이 인식의 형식으로서 가능하기 위해서는 의료적 장場에 대한 전면적 재조직화, 사회 내에서의 개인의 지위에 대한 새로운 규정, 원조와 경험 및 구호와 지식 사이의 특정한 관계에 대한 확립이 필요했다. 마찬가지로 언어작용을 전혀 새로운 영역, 곧 가시적인 것과 언표 가능한 것에 객관적으로 기초한 지속적 상관성의 영역 안으로 포괄하는 것이 필요했다. 이렇게 해서 과학적 담론의 전혀 새로운 사용법이 규정되었다. 이는 우리가 보는 것, 경험에 의해 채색된 내용에 대한 무조건적 복종과 충실성이라는 용법인 동시에, 우리가 보는 것에 대해 말함으로써 보게 만드는 것,

---

75 이러한 주장은 3년 후인 1966년에 출간되는 주저 『말과 사물』의 핵심적 주장인데, 사실 푸코는 『말과 사물』의 초고를 완성한 것이 1963년 말 겨울이라고 말하고 있으므로, 사실상 1963년에 출간된 『임상의학의 탄생』과 1963년에 초고가 완성되어 1966년에 출간된 『말과 사물』을 동일한 인식론적 지층에 속하는 두 권의 작품으로 볼 수도 있을 것이다.

경험의 구축 또는 기초 짓기라는 용법이다. 따라서 의학적 언어 작용을 겉보기에는 매우 표면적이지만 사실은 매우 깊이 묻혀 있는 층위에 위치시켜야 한다. 이 층위에서 기술記述의 방식은 동시에 드러냄의 행위이기도 하다. 그리고 이 드러냄은 진실의 발현이자 기원으로서의 시체라는 담론적 공간을 함축하고 있었다. 이 시체는 드러내 보인 내부와 다르지 않다. 임상의학자들이 자신들의 방법론으로 규정했던 동시대 병리해부학의 구축은 단순히 우연의 질서를 따른 것이 아니다. 경험의 균형은 개체에 던져진 시선과 기술의 언어작용이 죽음의 안정적이고 가시적이며 읽힐 수 있는 기초 위에 놓이기를 바랐다"(200; 311-312).

이 단락에서 푸코는 『광기의 역사』 이래 자신이 유지해 오던 '보이는 것과 언표 가능한 것'이라는 기본적 이항대립의 인식틀을 임상의학의 영역에서 반복하고 있다. 이는 위 단락에서는 죽음을 둘러싼 가시성과 언어작용의 쌍으로서 나타나고 있다. 이어지는 단락은 이러한 논의를 보다 심화시키는 부분이다.

"공간과 언어작용과 죽음이 분절되는 이러한 구조, 곧 우리가 보통 해부임상의학이라 부르는 것이 실증적인 것으로 스스로를 인식하고 또 우리도 그렇게 받아들이는 어떤 의학의 역사적 조건을 구축한다. 질병은 이제 수 세기 전부터 연결되어 있었던 고통의 형이상학으로부터 벗어나게 된다. 질병은 자신의 내용이 실증적 용어들에 의해 표현되는 죽음의 가시성 안에서 충만한 형식을 찾게 된다. 본성[자연]에 관련되어 사유되었던 질병은 원인과 형식 및 발현이 늘 편향성과 지연된 기초에 의해서만 인식되는 한없는 부정성이었다. 이제 죽음에 관련되어 사유되는 질병은 철저히 독해 가능한 것이 되고, 언어작용과 시선의 지상권을 갖는 해부에 대해 남김없이 열리게 된다. 질병이 반反자연으로부터 벗어나 개인의 살아 있는 육체 안에서 구체적 모습을 얻게 된 것은 오직 죽음이 의학적 경험에 인식론적으로 통합된 이후의 일이다"(200; 312).

철학의 칸트는 유한 곧 한계가 없이는 인식이 없음을 밝혔다. 마찬가지로 의학의 비샤는 한계 곧 죽음이 없이는 생명이 있을 수 없음을 밝혔다. 이제 죽음은 자신의 상관항인 생명과 함께 실증적인 무엇으로서 스스로를 드러내게 된다. 죽음과 생명 그리고 질병을 묶어 주는 매개는 말하는 언어작용과 보는 시선이다. 죽음은 부정적 한계, 반자연이라는 기존의 인식론적 감옥에서 풀려나와 스스로를 긍정적·실증적인 것으로서 드러낸다.

"개체에 대해 임상의학이 던진 최초의 과학적 담론이 죽음이라는 계기를 통과해야만 했다는 사실은 의심의 여지 없이 우리[유럽] 문화에 결정적인 사건으로 남을 것이다. 서양인은 자기 자신의 파괴에 대한 참조를 통해서만 스스로를 자신의 눈앞에 과학의 대상으로서 구성할 수 있었고, 자기 언어작용의 내부에 스스로를 위치시킬 수 있었으며, 자신 안에 그리고 자신에 의해, 스스로를 하나의 담론적 실존으로서 정립할 수 있었다. 모든 심리학, 심지어 심리학의 모든 가능성 자체가 탄생한 것은 '비이성[착란]'의 경험으로부터이며, 스스로를 개체의 과학이라고 말하는 의학이 탄생한 것 역시 의학적 사유에 있어서의 죽음의 등장으로부터이다. 그리고, 일반적으로 말하면, 근대 문화에 있어서의 개체성의 경험은 아마도 죽음의 경험과 연결되어 있을 것이다. 비샤의 열린 시체들로부터 프로이트적 인간까지, 죽음에 완고히 결합된 하나의 관계가 자신의 고유한 얼굴을 보편적인 것에 각인시켰고, 각각의 파롤에게 무한히 경청될 힘을 부여해 주었다. 개인은 자신과 함께 결코 멈추지 않을 하나의 의미를 죽음에 빚지고 있다. 죽음이 추적하는 분할과 죽음이 표지를 부과하는 유한성이 역설적으로 언어작용의 보편성을 개체라는 연약하고 대체 불가능한 형식에 연결시킨다. 무한히 기술할 수 있고 수많은 세기가 지워 버리고 싶어 했던 감각적인 것이 드디어 죽음 안에서 자기 담론의 법칙을 발견한다. 죽음은 언어작용에 의해 분절된 특정 공간 안에서 육체의 풍부함과 육체의 단순한 질서를 보게 만든다"(200-201; 312-313).

결국 푸코의 입장은 부정적인 것의 배제를 통해서 긍정적인 것, 실증적인 것이 자신의 정체성을 확립한다는 주장이다. 이는 『광기의 역사』 이래 푸코의 마지막 저술까지 일관되게 유지되는 입장으로 현대 정치학의 중요한 요소인 '배제' 담론의 기원이 되는 사유이기도 하다. 그 기본적 사유는 다음과 같이 정식화될 수 있다. "나는 내가 아닌 것의 여집합(나머지)이다."[76] 유한은 무한이 아닌 것이고, 개체란 보편자가 아닌 것이다. 심리

학의 이성은 광기가 아닌 것이고, 해부임상의학의 생명은 죽음
이 아닌 것이다. 질병이란 건강이 아닌 것이고, 자연이란 반자
연이 아닌 것이다. 유럽의학의 영역에서, 푸코가 바라보는 고
전주의와 근대의 단절은 죽음의 도입에 의한 '개체성'의 긍정,
감각적인 '표면'의 긍정이다.

> "우리는 이로부터 인간과학의 구축에 미친 의학의 중요성을 이
> 해할 수 있다. 이 주요성은 단지 방법론적인 것에 그치지 않는데,
> 그 이유는 의학이 실증적 지식의 대상으로서의 인간 존재에 관여
> 하고 있기 때문이다.
> 개체가 자기 자신의 인식에 대하여 주체인 동시에 대상일 가능성
> 은 지식 안에서 유한성의 놀이가 역전될 수 있음을 함축한다. 고
> 전주의의 사유에서, 유한성의 사유는 무한의 부정이라는 내용 이
> 외의 것을 갖지 못했지만, 18세기 말에 형성된 사유는 유한성의
> 사유에 실증적인 것의 힘을 부여한다. 당시에 나타난 [칸트의] 인
> 간학적 구조는 한계의 비판이라는 역할과 기원의 정초자라는 역

---

76 자세한 논의는 나의 『미셸 푸코의 《광기의 역사》 읽기』(세창미디어, 2018)를 보라.

할을 동시에 수행한다. 철학적 내포를 실증의학의 조직화에 기여하게 만든 것이 바로 이러한 회귀이다. 역으로, 실증의학의 조직화 역시, 경험적 수준에서, 근대인과 기원적 유한성을 잇는 관계를 최초로 세상에 드러내 주었다. 이로부터, 인간과학의 집합이라는 건축물 안에서 의학이 차지하는 결정적 지위가 이해될 수 있다. 의학은 모든 다른 [인간]과학들을 지지해 주는 인간학적 배치에 가장 가까운 학문이다. 이로부터 실존의 여러 구체적 형식들 가운데 의학의 우위가 설명된다. [19세기 초의 의학사가] 과르디아는 '건강이 구원을 대체했다'라고 말한 바 있다. 이는 의학이 근대인에게 자신의 유한성에 대한 편안하고도 집요한 얼굴을 제공했기 때문이다. 의학 안에서 죽음은 되풀이해서 말해지는 동시에, 쫓겨나게 된다. 그리고 만약 죽음이 인간에게 자신이 품고 있는 한계를 끊임없이 알려 준다면, 죽음은 또한 인간에게 실증적이며, 유한성으로 충만한, 무장한 형식이라 할 이 기술적 세계에 대해 말해 준다. 의학적 시선, 파롤, 몸짓은 이 계기[죽음]로부터 —아마도 이전의 수학적 사유가 획득했던 바와 비견될 만한— 하나의 철학적 밀도를 얻게 되었다. 유럽 문화에 있어 비샤, 잭슨, 프로이트의 중요성은 그들이 의사인 만큼이나 철학자였다는 사실이 아니라, 이 문화에서 의학적 사유가 정당한 권리를 갖고 인간에 대한 철학적 지위와 결합되었다는 사실에 놓여 있다"(201-202; 313-314).

철학의 영역에서 고전주의와 단절하고 근대를 연 칸트는 이제까지 무한의 부정으로서만 사유되던 유한을 그 자체로 긍정적인 것, 실증적인 것, 인간의 인식 조건으로까지 승격시켰다. 칸트는 한계를 조건으로 새롭게 설정한 것이다. 마찬가지로 비샤의 작업은 부정적으로만 이해되던 죽음과 질병을 긍정적이고 실증적인 것, 의학적 인식의 조건으로 새롭게 이해하는 작업이었다. 비샤의 해부임상학은 칸트의 비판철학과 동일한 기능을 수행한다. 양자는 개별 인식이 아니라, 개별 인식들을 가능하게 만드는 지식의 코드, 가시성의 장에 변경을 가함으로써 세계에 대한 새로운 인식을 가능하게 만들었다.

"이런 의학적 경험은 이로부터 자신의 언어를 찾던 횔덜린Friedrich Hölderlin[1770-1843]으로부터 릴케Rainer Maria Rilke[1875-1926]에 이르는 서정적 경험과도 마찬가지로 연결되어 있다. 18세기 말에 시작되어 여전히 우리가 빠져나오지 못한 이 경험은 유한성 형식이 드러나는 특정의 방식과 연결되어 있는데, 그 안에서 죽음은 의심의 여지 없이 가장 위협적인 동시에 가장 충만한 것이다. 에트나 화산을 향해 스스로 몸을 던진 휠덜린의 [시詩 속] '엠페도클레스'는 죽어야 하는 자들[인간]과 [불사의 신들이 사는] '올림포스산' 사이에 존재하던 마지막 중개자의 죽음이자, 지상 위의 무한의 종말이고, 자신이 탄생한 불로 되돌아가면서, 단지 죽음에 의해 철폐되어야만 하는 것이 되어 버린 유일한 흔적으로서 남아 있는 불꽃이며, 개체성이라는 아름답고도 폐쇄적인 형식이다. '엠페도클레스' 이후 세계는, 어떤 타협도 없이, '법칙', 한계의 엄격한 법이 지배하는, 이 둘 사이에, 유한성의 기호 아래에 놓이게 될 것이다. 개체성은 이제 늘 자신을 드러내는 동시에 감추며, 부정하는 동시에 기초를 지어 주는 객관성 안에서 구체적 형태를 갖는 운명을 맞게 될 것이다. '여기에서도 다시 한번 주체적인 것과 객관적인[대상적인] 것이 그들의 모습을 맞바꾼다.' 처음에는 기묘하게 보일 수도 있는 방식이지만, 19세기 서정주의를 지탱해 준 운동은 인간이 자기 자신에 대한 실증적 인식을 포착했던 바로 그것에 의해서만 형성될 수 있었다. 그러나 지식의 형상과 언어작

용의 형상이 동일한 심층의 법칙에 복종하고 있다는 사실, 유한
성의 분출이 마찬가지로 이곳에서는 합리성의 형식 아래 과학적
담론을 허용하고, 저곳에서는 신의 부재에 의해 남겨진 공허 속
에서 무한히 펼쳐지는 어떤 언어작용의 원천을 개방하는 인간과
죽음의 이러한 관계의 위로 돌출해 있다는 사실에 놀라야만 할
까?"(202; 314-315)

이곳에서도 푸코는 1961년의 『광기의 역사』에서 시작되
어, 1963년의 본서 『임상의학의 탄생』에서 보다 구체화되고,
1966년의 『말과 사물』에서 폭발하게 되는 과학적인 것과 서정
적인 것의 **동시성 테제**를 펼치고 있다. 관념적이고 서정적인 것
에 대한 과학적이고 물질적인 것의 우선성을 가정한 마르크스
주의에 반대하여, 푸코는 양자의 동시성을 주장함으로써 역사
의 발전, 진보의 관념에 기반한 마르크스주의를 근본적으로 부
정하고 있다. 마찬가지로, 푸코는 '유한성의 분석학'을 따라 인
간이 주체인 동시에 대상으로 인식·지각되는 칸트와 비샤의
논리가 **근대인**을 근본적으로 규정한 결정적 사건이었음을 밝히
고 있다.

"임상의학의 형성은 다만 지식의 근본 배치 안에서 일어난 변화의 가장 가시적인 증거들 중 하나일 뿐이다. 우리는 이러한 변화가 실증주의의 조잡한 독해에 따른 암호해독 작업보다 훨씬 더 깊이 관여되어 있음을 볼 수 있다. 그러나 이 실증주의로부터 우리가 수직적 탐구를 수행할 때, 우리는 계속해서 이어지면서 역설적이게도 이후에는 스스로에 맞서게 되는 다양한 형상의 계열들이 나타나는 것을 —이는 또한 숨겨지지만, 동시에 계열의 탄생을 위해서는 불가피한 일이다— 보게 된다. 특히, 현상학이 이에 대해 가장 완고하게 반대하게 되리라는 것은 그 조건화의 체계 안에 이미 예고되어 있었다. 지각된 것의 의미하는[시니피앙] 힘과 그것이 경험의 원초적 형식들 안에 존재하는 언어작용과 맺는 상관관계, 기호의 가치로부터 확립되는 객관성의 조직화, 주어진 것[소여所與]의 비밀스러운 언어학적 구조, 육체적 공간화의 구성적 특성, 인간과 진실의 관계 및 이 관계의 기초에 있어서의 유한성의 중요성, 이 모든 것은 실증주의의 시작점에서부터 설정되어 있었다. 자신은 19세기 말 이래 실증주의로부터 벗어났다고 믿고 있는 동시대[유럽 20세기]의 사유는 다만 실증주의가 이미 가능하게 만들어 놓은 것들을 점차로 다시 발견하고 있을 따름이다. 유럽의 문화는, 18세기의 마지막 몇 년 동안, 여전히 단절되지 않은 하나의 구조를 그려 놓았다. 우리[유럽인]는 이제 겨우 그 실타래들 중 몇몇을 풀기 시작했을 뿐이다. 우리는 이 실타래들에 대해 여전히 너무 모르기 때문에, 이 실타래들을 놀랄 정도로 새로운 것 또는 절대적으로 원초적인 것으로 기꺼이 착각하곤 하지만, 지난 두 세기 이래(그보다 적지도 않지만, 그렇다고 더 많지도 않은), 우리 경험의 어둡지만 단단한 골격을 구축한 것은 바로 이 실타래들이다"(202-203; 315-316).

이 마지막 단락은 매우 상징적이다. 이는 '서론'과 '결론'의 다른 문장들과 마찬가지로 『광기의 역사』와 『말과 사물』을 이어주는 내용을 담고 있다. 해부임상의학의 탄생은 물론 그 자체로도 중요한 사건이지만, 보다 거대한 지식의 장 자체의 변화를 보여 주는 가장 눈에 띄는 사례일 뿐이다. 서양 역사의 '근대'를 열어젖힌 이 거대한 지각변동은 실증주의와 연결되어 있는데, 근대 유럽의 실증주의는 철학과 의학의 영역에서 다름 아닌 칸트와 비샤에 의해 탄생한 것이다.

사실, 이 책을 가로지르는 푸코의 주장은 몇 가지 층위로 이루어져 있다. 우리는 책을 마치면서 이들 층위를 다음처럼 정식화해 볼 수 있을 것이다. ① 특정 개념이나 관념이 아닌, 인식을 가능하게 해 주는 조건 자체, 지식의 코드, 인식론적 장 자체의 변화(인식론적 단절)가 있다. ② 이러한 장 자체의 변화가 고전주의를 끝내고 근대의 도래를 가능케 했다. ③ 이는 철학에서는 칸트에 의해, 의학에서는 비샤에 의해 이루어졌으며, 여타 미술과 문학 등의 영역에서도 동일한 과정이 각 분야의 선구적 인물들에 의해 이루어졌다. 이들 모두는 동시적·상관적 현상들이다. ④ 이제 근대가 끝나고 '새로운 시대'가 와야 한다. 그러기 위해서는 '여전히 우리가 빠져나오지 못한' 근대라는 시기와 그 작동원리를 정확히 이해해야 한다. ⑤ 이를 위해서는 근대의 여러 작동 규칙들이 최초로 설정된 시대, 곧 18세기 말-19세기 초를 연구해야 한다. ⑥ 『임상의학의 탄생』은 비샤와 브루세 등에 의해 근대 의학으로서의 해부임상의학 및 그 논리가 형성된 시기를 탐구하는 책이다. ⑦ 이 모든 연구는 근대의 유지를 위해서가 아니라, 궁극적으로 근대를 파괴하고 새로운 시대의 도래를 앞당기기 위한 것이다.

6장

나가는 말
— 말과 사물, 또는 사물의 질서

우리가 방금 살펴본 것처럼, 새롭게 나타난 것은 '변형의 전혀 다른 원칙'이다.

"해부임상의학을 탄생시키며 변화된 것은 따라서 인식하는 주체와 인식되는 대상 사이의 접촉 표면이 아니다. 변화한 것은 상호적 위치들을 결정짓는 지식의 보다 일반적인 배치, 그리고 인식해야만 하는 존재와 인식의 대상이 되어야 하는 존재 사이의 상호적인 놀이이다. … 그것은 축적·심화·교정·세련된 제반 인식의 수준이 아니라, 지식savoir 자체의 수준에 나타난 새로운 주형鑄型이다.

관건은 지식의 배열에 도달한 하나의 사건이며, 그 증거는 해부 임상적 의학의 질서에 속하는 제반 인식이 순수하고도 단순한 임상의학과 동일한 규칙과 양식 위에서 형성되지 않는다는 사실 안에 존재한다. 관건은 그것이 좀 더 완벽을 기하게 된 같은 놀이가 아니라, 하나의 다른 놀이라는 것이다"(139; 230. 인용자 강조).

이러한 다른 놀이, 다른 지식 배치의 장 자체에 관련되면서 서구의 18세기 말-19세기 초에 있었던 이른바 '근대적 변형'이란, 생물학, 정치경제학, 언어학, 그리고 계몽주의, 산업혁명, 프랑스 대혁명, 자유주의, 중농주의, 감시체제 등과 맞물리면서 발생한 문학, 의학, 철학 등 사유 체계 전반의 전면적인 변화를 통칭하는 것이다. 결국 18세기 말-19세기 초 서구 근대 "임상의학의 형성은 단지 앎의 근본적 배치 안에 있었던 변화에 대한 가장 눈에 띄는 증거들 중 하나에 불과하다"(202; 315).

근대 임상의학은 이렇게 지식을 구성하는 조건으로서의 가시성과 언표 가능성 사이, 자연과 언어 사이, 곧 **말과 사물** 사이의 관계, 혹은 **사물의 질서**, 즉 다시 말해 '사물을 구성하는 언어의 질서' 자체가 변화하면서 생겨난 하나의 결과 혹은 효과이다. 이처럼 의학의 역사는 철학 및 과학의 역사를 포함하는 다양한 사유의 역사들과 '분리 불가능한 방식으로' 연결되어 있으며 그 자체로 '이 세계를 **보는/말하는** 방식의 역사' 곧 '문화사'의 일부를 구성한다. 『임상의학의 탄생』은 근대 의학의 탄생에 관련된 **서구 문명**의 코드화 작용을 연구한 **문화인류학적 저작**이다.

참고문헌

1. 푸코의 저술

Folie et Déraison: Histoire de la Folie à l'âge classique, Paris: Plon, 1961.

Naissance de la Clinique: Une Archéologie du regard médical, Collection 'Galien. Histoire et philosophie de la Médecine', Paris: P.U.F., 1963.

Les Mots et les choses, Paris: Gallimard, 1966; 『말과 사물』, 이규현 옮김, 민음사, 2012.

Naissance de la Clinique, Collection 'Quadrige', Paris: P.U.F., 1972(rév. 2e éd.); 『임상의학의 탄생』, 홍성민 옮김, 현대프랑스철학총서 21, 인간사랑, 1993; 『임상의학의 탄생: 의학적 시선의 고고학』, 홍성민 옮김, 이매진 컨텍스트 11, 이매진, 2006.

Histoire de la Folie à l'âge classique, Paris: Gallimard, 1972; 『광기의 역사』, 이규현 옮김, 나남, 2003.

Surveiller et Punir, Paris: Gallimard, 1975; 『감시와 처벌: 감옥의 탄생』, 오생근 옮김, 나남, 2016(번역개정판 1쇄).

Dits et Ecrits I: 1954-1975, Collection 'Quarto', Paris: Gallimard, 2001.

Dits et Ecrits II: 1976-1988, Collection 'Quarto', Paris: Gallimard, 2001.

2. 그 외

양운덕, 「칸트와 푸코: 푸코의 칸트 읽기」, 한국칸트학회 엮음, 『포스트모던 칸트』, 문학과지성사, 2006.

이우주 엮음, 『영한·한영 의학사전』, 아카데미서적, 1992.

허경, 「푸코의 에피스테메 개념」, 『에피스테메』 제1호, 고려대학교 응용문화연구소, 2007.

＿＿, 「미셸 푸코의 『말과 사물』에 나타난 '근대 인간과학'의 개념」, 『인문언어』 제10집, 국제언어인문학회, 2008.

＿＿, 「근대 임상의학 및 생명 담론의 변화: 미셸 푸코의 『임상의학의 탄생』을 중심으로」, 『생명연구』 제23집, 서강대학교 생명문화연구소, 2012.

Eribon, Didier, *Michel Foucault*, Paris: Flammarion, 1989/1990/2011(3e éd.); 디디에 에리봉, 『미셸 푸코, 1926~1984』, 박정자 옮김, 그린비, 2012.

Gutting, Gary, *Michel Foucault's Archeology of Scientific Reason*, Cambridge: Cambridge University Press, 1989/1995; 개리 거팅, 『미셸 푸꼬의 과학적 이성의 고고학』, 홍은영·박상우 옮김, 백의, 1999.

Revel, Judith, *Le vocabulaire de Foucault*, Paris: Ellipses, 2002.